マンガで読む

そだちあう

5歳児が 見える・わかる エピソード

成長をうながす 48のポイント

森川 紅／監修
後藤和佳子／著
中尾博美・荒井まこよ／執筆協力

ひかりのくに

はじめに

　　幼児期の教育・保育は、子どもが自ら人として自立して生きることができるように育むことではないでしょうか。

　　幼児期の子どもは、心や体を十分に動かし、さまざまな環境に関わる中でいろいろなことを"やりたい"という活動意欲が高まります。学びの芽生えの時期に、子どもが遊びの中でどう学んでいるのか、子どもがどのようなことに試行錯誤し夢中になっているのかなどを保育者が見取ること、そして、子どもが主体的に関わりたくなる環境を構成することが、保育者の役割といえるでしょう。

　　保育は限りのない可能性へと広がりを持っており、大事なことは、保育者の温かい見守りの中、子どもたちの「主体的に考える力や探求する力」を培うことだといえます。

　　よりよい確かな保育実践を進めるには、二つの方法があるといわれています。その一つは、先人の思想や実践の全体をよく研究し学ぶこと、自分に都合のよい表面的なところだけを受け取らないことです。もう一つは、子どもから学ぶことです。それは子どもがよく動く成長の途上にあり、その中に秘められた本来的な子どもらしい本性を学ぶことです。

　　子どもをよく観て、考えや発想、工夫などしている子どもらしい姿を記録することで明確になることがあります。自分自身の保育実践を振り返りながら、先人から学び、子どもから学ぶ研究態度が必要といえるでしょう。

　　本書は、わかこ先生が担当した5歳児と一緒に取り組んできた保育の実践記録です。これらの保育は、担当した子どもたちの日々の遊びを見取り、充実感あふれる日々を過ごしている子どもたちの成長の現れです。

　　例えば、実践エピソードでは、子どもたちは活動後、その心に響いたことをよく絵に描いています。きっと、わかこ先生は、初めに描いた子どもの絵を見て、「お話、教えて！」「いいわねぇ!!」「すてき!!」と認めたのでしょう。子どもと保育者の対話がここからも始まり、言葉や文字よりも描く方が得意な子どもは、絵を描くことで自分の考えていることを伝えたのでしょう。わかこ先生はこの絵を成長のあかしとして子どもの見えるところに掲示した後、大事にファイルしています。遊びの一場面を写真に記録するのもひとつの方法です。

　　実践集である本書は、わかこ先生直伝とありますように、わかこ先生が保育実践者として子どもから学び、子どもと向き合い、つむぎ出し、教材研究を重ね、子どもと共に歩む日々の保育から編んだものです。子どもの生活をまるごと充実させ活き活きしさを育む保育を展開し、保育実践を深めていく際の参考の一つにしていただければ幸いです。

監修／森川　紅

本書の特長

特長 1 エピソードが マンガになってよくわかる!

子どもたちの姿をマンガ化しました。

子どもたちの声、やり取りなどを通して、

わかこ先生の保育を解説します。

見落としがちな子どもの姿・育ちに気付く

参考にしてください。

特長 2 子どもの姿・育ちを 捉える視点、環境構成、 援助の仕方の図解が満載!

主体性を育む保育で大事な、

「子どもの姿・育ちを捉える視点」「環境構成」

「援助の仕方」をわかりやすく解説しています。

特長 3 要領・指針、10の姿、 要録までにつながる なるほど解説付き!

5歳児の具体的なエピソードを通じて、

育っている「10の姿」も解説しています。

子どもたちの今までの育ちと、

小学校へ向けてのこれからの育ちも

意識してご覧ください。

本書の見方

本書は3章構成になっています。
特に第2章は、わかこ先生の5歳児の子どもたちの
実践エピソードから、保育を解説しています。
「自分のクラスの子どもだったら？」
「保育者として、自分はどのようにしようか？」
などと考える参考に、ぜひご覧ください。

季節と12のテーマ

1 子どもの思いを大切にしよう

子どもが主体的に行動できるように、保育者主導の保育は避けたいもの。
子どもの思いにまず耳を傾け、寄り添うことから始めたいですね。
子どもの思いを大切にするには、どのようにすればいいのでしょうか。

春夏秋冬の身近な自然のテーマ4つと、
毎日の遊びや行事、友達との関わりを
通し、子どもたちが興味や関心をもっ
て過ごす保育の中で、特に保育者が気
になること、困ることなどを12のテ
ーマにあげています。

わかこ先生の場合

わかこ先生の場合

季節と12のテーマで、わかこ先
生の実践をマンガで紹介していま
す。子どもたちの言葉や視線の先、
自分自身や他者への思いなども生
き生きと描かれています。自分の
クラスの子どもたちの姿はどうな
のかな？　と見直す参考にしたり、
環境構成や援助のヒントにしたり
してください。

ポイント3つ

ポイント① ポイント② ポイント③

各テーマで大切なポイントを3つ
ずつあげました。園によって、子
どもの姿も様々、実践も様々です。
子どもの主体性を育む保育への参
考にしてください。

---

1 子どもの思いを大切にしよう

子どもが主体的に行動できるように、保育者主導の保育は避けたいもの。
子どもの思いにまず耳を傾け、寄り添うことから始めたいですね。
子どもの思いを大切にするには、どのようにすればいいのでしょうか。

ポイント①
興味を引き出す環境づくりを！

子どもは、季節や行事、地域の活
動にも日々、興味をもっています。
"出会いたい環境"(P.18〜23参照)
を保育者がさりげなく、でも確か
につくっていきましょう。

ポイント②
思いをすぐに形にできる準備を！

子どもの思いは言葉で聞くだけで
はありません。具体的にイメージ
を形にできるよう、材料や用具を
準備します。状況により、再構成
をしていきましょう。

ポイント③
「みんなみてみてー！」をクラスで共有しよう！

一人ひとりの思いを、みんなで共
有しましょう。共有することは、
一人ひとりの考えや工夫を認める
ことにつながり、主体性も育まれ
ていきます。

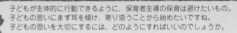

わかこ先生の場合　　4月中旬〜

思い思いにイメージを膨らませて、自分のこいのぼりを作ろう

毎年、4月中頃になると、家庭でこいのぼりを揚げたり、地域にもこい
のぼりが見られるようになったりします。子どもたちは、『こいのぼり』の歌
を口ずさみ、見たことや感じたことを楽しそうに友達と話し始めます。

なるほど！
エピソード解説★

> なるほど！
エピソード解説★

わかこ先生の実践エピソードについて、異なる経験年数の先生方からの質問や疑問に、わかこ先生が答えています。「なぜ、その環境構成？」「なぜ、その援助？」など、保育の「なぜ？」がわかります。

登場人物

わかこ先生
クラス担任一筋のベテラン先生。子どもの言葉をとても大切に拾い、子どもの"やりたい！"を予想して環境を整え、援助をさりげなくする。保育の引き出しがたっぷり！

新任
子どもは日々予想外のことばかりで、毎日が慌ただしく、子どもの迫力にやっとついていっている。ベテラン先生の保育から少しでも保育を知りたい、学びたい。

園長先生
わかこ先生の保育を見守り続ける園長先生。子どもの言葉を捉え、細やかな保育をするわかこ先生へ、優しく、時に厳しく（？）、言葉を添える。

5年目
保育経験も5年目、ほんの少しだけ保育もわかってきたような…。でも、自分の保育はこれでいいのかな？ と悩むこともあります。

第2章●保育者の関わりと環境構成

> なるほど！
エピソード解説★

わかこ先生　場面Aでは…
こいのぼりを、前もって準備し、点検しておきます。また、保育者間で「こどもの日の集い」の持ち方やこいのぼりを掲げる場所について話し合っておきます。室内には、こどもの日にちなんだタペストリーやかぶとの置物を飾ったり、風に関する本を用意したりしておきました。

わかこ先生　場面Bでは…
自由に描いたり作ったりできるように、様々な大きさや材質の紙（画用紙片、包装紙、色紙など）、パス類、水性ペン、色鉛筆などを決まった場所に用意しています。また、子どもが扱いやすい材料や用具（空き容器類、紙テープ、ハサミ、のり、粘着テープなど）をいつでも使えるように用意し、遊びの様子を見ながら再構成しています。できあがった作品は、その場で飾れるように子どもと共に環境を整えていきます。

新任　場面Cでは…
クラス全員で大きなこいのぼり作りをしなかったのは、どうしてですか？

わかこ先生
子どもの意見を大事にしたいと思います。5歳児になったばかりなので、どの子どももやる気があふれています。自分なりに工夫して、こいのぼり作りを楽しんでほしいと思いました。結果的には、一人ひとりの考えや工夫を認めていく機会が増え、子どもとの信頼関係も深まっていきました。

> 子どもの興味はまだまだ続く！
> **素材への親しみが次の製作活動へ**
> こいのぼりへの興味や関心から、絵を描く、色紙で作る、空き箱や巻きなど身近な材料で立体的に作るなど、自由にこいのぼりを表現し、楽しむ姿が見られました。
> 自分のこいのぼりを作り上げた体験を通して、身近な材料や用具で工夫して作る活動への関心が高まっていきました。その後も、遠足や地域のお祭りなど、さまざまな体験を生かして、遊びに必要な物を作り、友達との遊びを楽しんでいきました。

> **園長先生のこの保育、ここが大事！**
> **計画的な環境構成が子どもの主体的な活動と自分なりの表現へ**
> 地域にこいのぼりが揚がり、子どもの話題になる頃、保育室内外の保育環境を子どもたちが主体的に関われるように整えると、それぞれの創意工夫があふれる"こいのぼり"が完成しました。「今日はこいのぼりを作りましょう」と一斉に作るよりも、こいのぼりに夢を描き「みて、わたしのこいのぼり」と自信に満ちあふれたこいのぼり作りができることを大事にしましょう。
> 10の姿で捉えると　思考力の芽生え　豊かな感性と表現　数量や図形、標識や文字などへの関心・感覚

5歳児になり…

[マンガ]

33

子どもの興味はまだまだ続く！

> 子どもの興味はまだまだ続く！

子ども主体の保育とは、子どもの興味や関心のさらなる広がりです。保育者の子どもの姿に合わせた環境構成や援助によって、子どもの活動に終わりはありません。マンガエピソードでは紹介できなかったその後の子どもたちの姿を、もう少しだけ紹介しています。

園長先生のこの保育、ここが大事！

> **園長先生のこの保育、ここが大事！**

園長先生からの、わかこ先生の保育への解説です。保育を振り返る参考にしてください。10の姿から捉えた解説もあり、何が育っているのか、これから先の子どもたちへの視点もわかります。

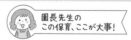

> 10の姿で捉えると…

目次

第1章

保育のひけつ …… 9

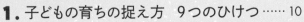

第2章　実践エピソードから学ぼう！

保育者の関わりと環境構成 …… 17

春　四季を感じる自然遊び "はる" の遊び …… 30

夏　四季を感じる自然遊び "なつ" の遊び …… 42

第3章
育ってほしい姿と
子どもの育ち、その先へ ……77

～保育所保育指針・幼稚園教育要領・
幼保連携型認定こども園教育・保育要領も踏まえて～

そだちあう5歳児の保育の ポイント 48

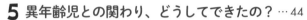

第1章
保育のひけつ

保育者としての保育の心構えには、
たくさんのひけつがあります。
子どもの姿の捉え方、援助の仕方、環境構成、
指導計画、保育者としてなど、
わかこ子先生の大切にしているひけつをお伝えします。

1. 子どもの育ちの捉え方 9つのひけつ

よりよい保育のためには、まずは子どもの育ちを捉えることが大切です。では、どのように捉えるといいのでしょうか？ その視点を紹介します。

① 目の前の子どもの姿を、子どもの心に寄り添って観る

AちゃんとBちゃん、何かあったのかしら

子どもなりに様々なことを感じ、友達と関わり、日々を過ごしています。起こったその場面だけで判断するのではなく、子どもが何を考え、感じているのか、目の前の子どもの気持ちに寄り添いましょう。

② つぶやきや言葉・会話に耳を傾ける

何に興味をもっているのかしら

あれ？ みずがきえちゃった

どこにいったのかな

子ども同士、自分の考えや意見を伝えたり、友達の声を聞いたりして、思いを広げています。そのつぶやきや言葉・会話に耳を傾けましょう。

③ 同じ目線に立って、子どもの気付きを受け止め、共感する

気持ちいいね！

子どもがどのような感じ方をしているのか、言葉を聞くだけでなく、保育者自身も子どもと同じ経験をしましょう。同じ目線に立って、共感することが大切です。

④ 子どもの"気付き"を期待して待つ

あっ、つめたい

いいきもちや

こっちはあったかいよ

ほんまや、あったかくておふろみたい

どうしてつめたいところと、あったかいところがあるんやろ

この子たちなりに、何か気付いてくれるかな

子どもたちの活動の中には、様々な気付きがあります。友達同士で気付きを伝え合う中で、新たな気付きが生まれます。子どもの気付きを期待して、待ちましょう。

5 子どもと共に動いてみる。子どもの目線の先を見てみる

5歳児でも語彙が少ない子どもは「目」が物語っていることが多くあります。いつもと違う様子が気になるとき、子どもと同じように動いてみて、子どもの心の動きを感じてみましょう。

6 子どもの興味や関心を探り、保育を展開していく

何が「おもしろい」と感じたのか、どんな気付きや発見があったのか、何が不思議さを探求する気持ちにさせたのか、もっと楽しむために何をしようとしていたのか、その様子を保育者は記録にとり、保育を展開していきます。

7 子どもの気付きの姿に保育者が気付き、保育に生かす

子どもの気付きを見逃さず、次にどのような展開にしていくのか考え、次の保育に生かしましょう。

子どもの"気付き"を生かすとは

子どもの"気付き"「おや？」「何かな？」
…心の動き、動作、言葉

↓

興味や関心を持つ

↓

目で見て、耳で聞いて、において、肌で感じて…諸感覚を通して関わる。夢中になって遊びを楽しむ。

↓

「どうしてかな？」と考え、探究心や思考力を働かせる。自ら課題を見つけ、自ら学び、自ら考え、行動する。

8 対話は1対1でする

子どもの話を聞いているとき、目の前の子どもの話をしっかり聞きましょう。後ろで聞いている子どもは、次は私もきちんと聞いてもらえると思うから待つことができるのです。

9 保育者自身の感性を大切にし、磨く

保育者自身の感性が豊かであると、子どものかすかな心の変化にも気付きます。自然や美術にふれたり、気分転換をして、感性を磨きましょう。

2. 主体性を育む 環境構成 **7つのひけつ**

子どもの実体験に基づいて獲得した知識や、友達とのやり取りの中で共有した経験を生かして、子ども自身が意欲的に活動できるよう環境を構成するための、具体的なポイントを紹介します。
（P.18「出会いたい環境」も参照）

① 一年間を見通した計画を立てる

季節の暦、自然事象の変化、社会事象などを年間計画に位置付け、保育を見通し、子どもの活動を支えます。保育者も子どもと一緒に感じ、環境を整えていきましょう。

② 子どもの思いを実現する教材を準備する

〇〇がおもしろかったよ！

ママが△△っていってた！

□□がほしいな！

〇△□を用意しよう

自然、季節、社会事象、行事など、子どもは何に興味をもっているのか、子どもの思い、言葉の背景には何があるのか、どのような経験からそのように感じているのかを知り、その思いが実現できるよう教材を準備します。

③ 子どもに経験してほしいことを環境として整える

子どもの興味や関心を捉え、子どもに経験してほしい活動や保育者の願い（内容）を環境として整えましょう。

4 生活経験が豊かになるよう、地域との関わりをもつ

身近な社会の出来事や伝統的な行事と関わる機会をもち、子どもがどんな遊びを展開するのか待ち受け、時には地域の助けを借りながら、生活体験が豊かになるように工夫しましょう。

5 一人ひとりの得意なところを生かす、仲間同士の育ち合いを大切にする

一人ひとりの得意なところを認める、友達と気付きや考えを共有する、友達の良いところを取り入れるなどして遊びが展開できるよう、子ども同士の話し合いを大切にする場をもちましょう。

6 子どもがやろうとしていることが最後までできるようにする

子どもそれぞれの興味を生かしながら、遊びがつながって展開できるよう環境を準備し、やろうとしたことをやり通し、達成感が得られるような時間や場所、材料などを保障します。

7 保育者も環境の一部として

保育者を安心、安全の基地として子ども自身が見通しをもって活動できるように、カレンダーやボードなどの活用、子どもの動線や遊びやすさを考えた物の配置など、環境の工夫をしましょう。

3. 子どもの主体性を育む援助 9つのひけつ

保育者も環境のひとつです。保育者の援助が子どもの成長にも大きく影響します。手助け、寄り添うなど、子どもの主体性を大事にしていきましょう。

① 一人ひとりを認める

○○ちゃん、やさしいね

いろいろな折り方、知っているね

丁寧に折れたね

一人ひとりの子どもの"いいところ"を見つけ、言葉にして伝え、認めていきましょう。

② 認め合う機会をつくる

他の子どもたちに伝えて、友達同士が認め合えるようにしましょう。

○○くんが描きましたよ

わぁー

おいしそう！

たくさんだね！

③ 十分に楽しめるようにする

一人ひとりが興味や関心をもっていることを十分に楽しめるように環境を整えましょう。

パズル

ままごと

つみき

④ 子どもから学ぶ

ほら、みて！

まぁ、きれい！どこで見つけたの？教えて！

子どもの「見て、聞いて」という発信を受け止め、子どもの考え方や発想から保育者は学び、その結果として、子どもに本来備わっている"自分でできる力"自己教育力や自己成長力、創造性が養われます。

5 保育者も一緒に考える

どうしたらいいかな？

子どもの「困った」に、すぐに答えや言葉を出すのではなく、子どもが試行錯誤しながら考えたりやりたがったりしていることに気付き、「どうしてかな？」「どうしたらいいかな？」と保育者も一緒に考えましょう。

6 見えるところで見守る

全体が見える位置で、一人ひとりの様子を把握します。目線を合わせること（アイコンタクト）で、見ていてくれていると子どもは安心して遊び続けるのです。

7 子どもを信じて待つ

子ども同士の意見の違いに、すぐに保育者が介入するのではなく、焦らず心にゆとりをもって子どもたち自身で解決できるように見守りましょう。

8 いちばん困っている子どもにいちばん目線を注ぐ

援助を必要としている子どもにたくさんのまなざしを注ぎ、子どもが試行錯誤しながら、考えたりやりたがったりしていることに気付きましょう。

9 子どもがしてほしいことに応える

子どもがしてもらいたいことに応え、信頼関係を築くと、安心して自分から主体的に活動に取り組みます。保育者と子どもの信頼関係は子どもと子どもの信頼関係にもつながります。

4. 指導計画が書ける 3つのひけつ

指導計画を立てるときには、子どもの姿を捉え、子どもの活動を予想し、環境を整え、援助をどのようにするかを考えましょう。

❶ 子どもの姿を思い浮かべる

指導計画の立案は、保育をする前に子どもの姿を思い浮かべて、箇条書きでもいいので自分の思うことを書いていきます。

❷ 教材研究をする

教材研究をしっかりしましょう。教材研究ができていると必要なものがわかり、子どもからの発想が受け止めやすいのです。

❸ 振り返る

書いて終わりではなく、保育を振り返りながら、明日の保育へ向けてどんどん書き加えて何度も再構成していきましょう。

5. 保育者自身が楽しくなる 3つのひけつ

保育者自身の心掛けで毎日の保育が楽しくなります。その気持ちをもち続けましょう。

❶ 保育者も楽しむ

子どもと共に保育者自身も保育を楽しみましょう！

❷ 得意をもつ

「先生すごい！」と思ってもらえる得意なものをもち、自分の得意なこと、好きなことからまずやってみましょう！

❸ 共有する

子どもの育ちを感じて、うれしかったこと、困ったことなど、毎日の保育のことを、ひとりでため込まないで、職員間で伝え合いましょう！

第2章

実践エピソードから学ぼう！
保育者の関わりと環境構成

わかこ先生が子どもたちの姿を

書き留めたエピソードを、マンガで紹介します。

どの点を大事にしているのか、

また、新任の先生が気になる点なども解説。

ぜひ、自身の保育では？　と

イメージしながら、読んでみてください。

日々の保育のヒントになりますように。

出会いたい環境と保育エピソード ～季節と行事～

4月 / 5月

季節の暦		4月		5月		

季節の暦

4日ごろ 清明
全てのものが生き生きと明るく清らかな季節

20日ごろ 穀雨
穀物を潤す雨が降り注ぐ季節

1日 八十八夜
茶摘みの最盛期

5日ごろ 立夏
日がさんさんとさして夏めいてくる季節

20日ごろ 小満
命がだんだん満ち満ちていく季節

● 空に虹が現れるころ

● 田畑、苗床などに作物の種子をまくころ

自然事象

小動物・虫

● ツバメがやってくる

● カエルが鳴き始める

● カエル、ザリガニ

● ダンゴムシ
● チョウ

❷「テントウムシとの出会いから飼育、そしてメダル作りへ」➡p.34

● テントウムシ、アゲハチョウ…卵～幼虫～さなぎ～羽化

● スズムシやコオロギなどの卵がふ化する

草花

● サクラ

春「お部屋にもサクラの木を作ろう！」➡p.30

● ツツジ、レンギョウ、ボタン、フジ

● 新緑
● タケノコ

● タンポポ、シロツメグサ、カラスノエンドウ、ヤエムグラ

春「"はる"の遊びから"なつ"の遊びへ」➡p.31

● チューリップ、パンジー、デイジー

社会事象

● 昭和の日　● 大型連休がある（憲法記念日、みどりの日、こどもの日）

● 新学期が始まる（入園式、入学式）
● お花見のシーズン

● こいのぼりが揚がる

● 母の日

園行事

● 入園式

● こどもの日の集い

● 保育参加

体験活動

❸「ひとりひと苗、自分の育てたい野菜を栽培しよう」➡p.36

● アサガオ、ヒマワリの種をまく

● 夏野菜の苗を植える
　（トマト、キュウリ、ナス、オクラ、ピーマン、トウモロコシなど）

● 夏の草花や野菜の種まき、苗植えをする

● こいのぼり作り

● エンドウ、ソラマメの収穫

❶「思い思いにイメージを膨らませて、自分のこいのぼりを作ろう」➡p.32

● 砂・土・泥で遊ぶ（感触、変化、性質）

● 風を感じた遊び（音、動き、向き、強弱など）

● 虫探し
● 草花遊び
● 名札作り

● 地域の生涯クラブとの交流（年6回）

● 自然観察の森遠足

自然事象や社会事象などの1年間の様子です。地域によって異なります。自然や園外での出来事にも触れ、子どもが興味をもったことを取り入れながら、先を見通して、園行事や体験活動を行なう参考にしてください。

6月 / 7月

5日ごろ 芒種	10日ごろ 入梅	21日ごろ 夏至	1日ごろ 半夏生	7日ごろ 小暑	22日ごろ 大暑
芒(のぎ)のある穀物をまく時期	6月頃、降り続く長雨	1年で最も昼が長く夜が短い季節	梅雨が明け、田植えの終期	この日から暑日に入る	夏、真っ盛りの季節

●衣替え

●熱い南風が吹く（白南風）　●地面から熱気が立ち上り、蒸し暑い

2「広がる製作活動はジオラマ作りへと」⇒p.35

●カタツムリ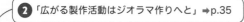
●赤ちゃんバッタ
　　　　　　　●ホタルが舞い飛ぶころ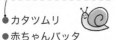
夏「梅雨明けから夏へ、セミを捕りに行こう！」⇒p.42
●セミがにぎやかに鳴き始める（クマゼミ、アブラゼミ）
●スズムシ♪

●オシロイバナ

●ウメの実が熟れて、黄色くなるころ
●アジサイ　　　　●アヤメ　　　　●ハス
　　　　　　●サルビア、マリーゴールド　　●ヒルガオ、ヘクソカズラ、エノコログサ

●歯と口の健康週間（4日〜10日）
　　　　●時の記念日
　　　　　　　●父の日　　　　●海の日
　　　　　　　　●ゆかた祭り　　●海開き、山開き　　●学校が夏休みに入る
　　　　　　●駅やスーパーなどで笹飾りが見られる　　　　●ラジオ体操が始まる
　　　　　　　　　　　　　　　　　　　　　●地域で夏祭りがある →（花火、盆踊り、夜店）

●七夕会　　　　　　　●プール開き
6「湿った地面との出会いからの遊びの展開」⇒p.46

●開花 →
●収穫 →
●笹飾り作り（色、形、模様）→
12月頃まで続く

5「色水遊び〜3歳児への思いやり〜」⇒p.44

●水を使った遊びや科学遊び（考える、試す、工夫する）→

4「水族館遠足での感動体験を絵や言葉で表現しよう！」⇒p.40

6「図鑑を広げて星座の世界へ」「月の満ち欠けにも興味が広がる」⇒p.47

●夜空を見る →
●虫捕り →
夏「梅雨明けから夏へ、セミを捕りに行こう！」⇒p.42

●水族館遠足

4「ひとつの体験が次の遊びへ」⇒p.41
●科学館遠足

8月 / 9月

		8月				9月	

季節の暦

7日ごろ 立秋	お盆	23日ごろ 処暑	31日 二百十日	7日ごろ 白露	15日ごろ 中秋の名月	22日ごろ 秋分

秋の気配がし始める季節 / 暑さが少しずつやわらぐ季節 / 台風が来る時期 / 涼しくなって朝露が降りる季節 / 17日ごろ 満月 / 秋の真ん中の季節、だんだん秋の夜長に…

- 夏の大雨が突然降り出す(入道雲、雷、夕立)
- 涼しい風が吹き始めるころ
- 秋雲(いわし雲)が見られる

自然事象

小動物・虫

- ツクツクボウシが鳴く
- アキアカネが飛び交う
- カブトムシ、クワガタムシ、バッタ、ハグロトンボ、シオカラトンボ
- 虫の音が聞こえる(コオロギ、キリギリス)
- ツバメが南へ
- トノサマバッタ、

草花

- ホオズキ
- イヌタデ
- 秋の七草が見られる(ハギ、オバナ、クズ、ナデシコ、オミナエシ、フジバカマ、キキョウ)

社会事象

- 山の日
- 終戦記念日
- お盆休み
- 新学期が始まる
- 敬老の日
- 観月会がある
- 秋分の日
- 地域で夏祭りがある(花火、盆踊り、夜店)
- 地域の秋祭りの準備が始まる(祭り太鼓の音が聞こえる、ちょうちん、のぼり、シデ棒が飾られる)

園行事

- 夏期合同保育
- 夏祭りごっこ
- ④ 「ひとつの体験が次の遊びへ」➡p.41
- 運動会

体験活動

- アサガオ、ヒマワリの種が熟す
- 田んぼのイネが実る
- ダイコンの種をまく
- 店屋ごっこ(魚つり、玉転がし、空気砲、色水、アイスクリーム、たこ焼き、くじびき)
- ④ 「ひとつの体験が次の遊びへ」➡p.41
- 地域さんぽ(自然、秋祭りの雰囲気)
- 砂・土・泥で遊ぶ(感触、変化、性質)
- 水を使った遊びや科学遊び(考える、試す、工夫する)
- 空や雲、月を見る
- 夜空を見る
- 運動遊び
- 虫捕り
- ⑦ 「子どもたちと話し合い、考え合い、積みあげた運動会」➡p.48
- 異年齢児と生活や遊びを一緒にする。

10月　11月

8日ごろ 寒露	23日ごろ 霜降	7日ごろ 立冬	22日ごろ 小雪
露を冷たく感じる季節	朝夕寒くなり、霜が降り始める季節	冬の始まりの季節	雪がちらちら降り始める季節

●衣替え　　●時雨が降るころ(秋の終わり)　　●小春日和　　●地面が凍り始めるころ

帰るころ　　●カリが北から渡ってくる

ショウリョウバッタ、オンブバッタ、カマキリ

●キンモクセイの香り　●キク　●サザンカの花が咲くころ
●木の実（ドングリ、マツボックリ、ナンキンハゼ、ハナミズキ など）
●カエデやツタの葉が赤や黄色に色づくころ
●草の実（オナモミ、アメリカセンダングサ、ヌスビトハギ、イヌタデ など）

㊙「花も種も実もいっぱい！ 自然物でたくさん遊ぼう！」➡p.52

●スポーツの日　　●文化の日　　●勤労感謝の日　　●七五三を祝う
●秋祭り　　●モミジ狩りのシーズン
●地域で運動会などがある

「ひとつの体験が次の遊びへ」➡p.41　　●作品展

❽「地域の秋祭り体験からの遊びの発展」➡p.54
❾「作品展に向けて、グループで協同活動」➡p.58

●イネ刈り　●サツマイモ掘り　●チューリップの球根植え
●ラッカセイの収穫
●屋台作り(グループ活動)　●まち作り(水族館、動物園、姫路城、園、公園、電車)

12月頃まで続く

●木の実拾い(数える、比べる) 　●落ち葉拾い(色、形、イメージ)
●秋祭り見学　●秋祭りごっこ
●動物園遠足 　●親子遠足　●姫路城遠足

12月　1月

12月　**1月**

季節の暦

7日ごろ 大雪	22日ごろ 冬至	31日 大晦日	1日 元日	7日 人日(七草)の節句	20日ごろ 大寒
雪がたくさん降り積もる季節	1年で最も昼が短く夜が長い季節	1年の最後の日	年の初めの日		1年で最も寒い季節

5日ごろ 小寒	11日 鏡開き
いちばん寒くなる手前の季節	鏡餅を下げて、雑煮、汁物にして食べる行事

● 北風が木の葉を散らすころ「冬枯れ」　　● 沢の水が凍って厚く張りつめるころ

自然事象

小動物・虫

● 冬支度 ➡ 冬眠

草花

● ポインセチア、シクラメン
● ヒイラギ
● ナンテン

● ハボタン

（冬）「冬の朝、氷探しに出掛けよう！」 ➡ p.62

● 春の七草
（セリ、ナズナ、ゴギョウ、ハコベラ、ホトケノザ、スズナ、スズシロ）

● セリがさかんに生えてくるころ

● チューリップの芽が伸びてくる

● フキノトウ

社会事象

● 師走

● クリスマスのイルミネーションや大売り出しでにぎわう

● 冬休み

● 冬至にゆず湯に入り、カボチャを食べる

● 門松、しめ飾りなどが見られる

● 除夜の鐘

● 初詣

● 元日

● 七草がゆを食べる(人日の節句)

● 成人の日

● 地域でとんど焼きがある(小正月)

園行事

● 音楽会

● クリスマス会

10 「クリスマス会の会場作りへ」 ➡ p.67

● 消防署見学

● とんどの準備見学

● 昔遊びの会

体験活動

――――― ダイコンの種をまく ―――――➡ ● ダイコンの収穫

10 「仲間と語り合い、歌い、描き…クリスマスを楽しもう」 ➡ p.64

● ツリー・リース作り
● カレンダー作り

● 正月の遊び

● 劇遊び
（言葉、体、音楽、造形などで表現する）

――― 砂・土・泥で遊ぶ(感触、変化、性質) ―――➡

● 光と影で遊ぶ

（冬）「冬の朝、氷探しに出掛けよう！」 ➡ p.62

● 風、水、霜、雪など冬の自然に触れる
（変化、美しさ、不思議さなど）

2月

3月

3日 節分	4日ごろ 立春	19日ごろ 雨水	5日ごろ 啓蟄	20日ごろ 春分
	春の始まりの季節	野山の雪や氷が解け出す季節	虫たちが土の中から出てくる季節	春の真ん中の季節 昼と夜の長さがほぼ同じ

●暖かい春風（東風）が吹き始め、氷を解かすころ

●野山にかすみがたなびくころ

●雷が鳴り始めるころ

●ウグイス（春告鳥）が鳴くころ

●冬ごもりしていた虫たちが、土の中から顔を出す

●サナギがチョウに羽化するころ →

●スイセン

●ウメの花が咲く（白梅〜紅梅）

●木の芽、ネコヤナギ

●モモの花が咲き始める

●サクラの花が咲くころ

⑫ 「仲間と共に楽しみ、新生活への期待へ」➡p.76

●オオイヌノフグリ、ホトケノザ、ナノハナ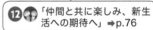

●ツクシ、ヨモギ

●建国記念の日

●天皇誕生日

●春分の日

●節分の行事がある（豆まき、鬼の面、恵方巻き）

●ひな人形が飾られるころ → ●ひな祭り（桃の節句）

●豆まき　●体験入学　●生活発表会　●保育参加　●ひな祭り会

●お別れ会　●修了式

⑫ 「遊びや思いを仲間と伝え合い、つないでいこう」➡p.74

⑪ 「物語をもとに、仲間と様々な表現活動を楽しもう」➡p.68

⑪ 「マイ絵本を作り、自分の言葉で語ったり、ペープサートにして劇場ごっこへ」➡p.73

●絵本、ペープサート作り ⟶

●ひな人形作り ⟶

●春探し ⟶

●お別れ遠足

ある日の保育室

5歳児になると、興味や関心の持ち方は一人ひとり異なります。子どもの"やりたい！"を刺激し、子どもの夢中を支えるコーナーは、季節や子どもの様子に合わせて更新していきましょう。コーナーとコーナーがドッキングして活動が発展していくことも想定します。遊びが展開するような環境を整えましょう。

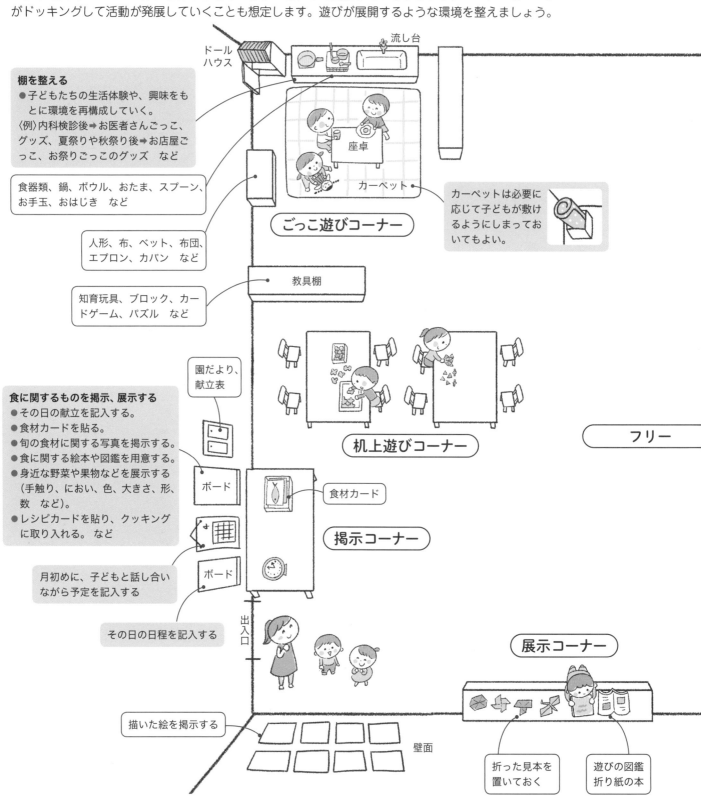

棚を整える
●子どもたちの生活体験や、興味をもとに環境を再構成していく。
〈例〉内科検診後➡お医者さんごっこ、グッズ、夏祭りや秋祭り後➡お店屋ごっこ、お祭りごっこのグッズ　など

食器類、鍋、ボウル、おたま、スプーン、お手玉、おはじき　など

人形、布、ベット、布団、エプロン、カバン　など

知育玩具、ブロック、カードゲーム、パズル　など

食に関するものを掲示、展示する
●その日の献立を記入する。
●食材カードを貼る。
●旬の食材に関する写真を掲示する。
●食に関する絵本や図鑑を用意する。
●身近な野菜や果物などを展示する（手触り、におい、色、大きさ、形、数　など）。
●レシピカードを貼り、クッキングに取り入れる。　など

月初めに、子どもと話し合いながら予定を記入する

その日の日程を記入する

描いた絵を掲示する

ドールハウス

流し台

座卓

カーペット

カーペットは必要に応じて子どもが敷けるようにしまっておいてもよい。

ごっこ遊びコーナー

教具棚

園だより、献立表

机上遊びコーナー

フリー

ボード

ボード

食材カード

掲示コーナー

出入口

展示コーナー

壁面

折った見本を置いておく

遊びの図鑑折り紙の本

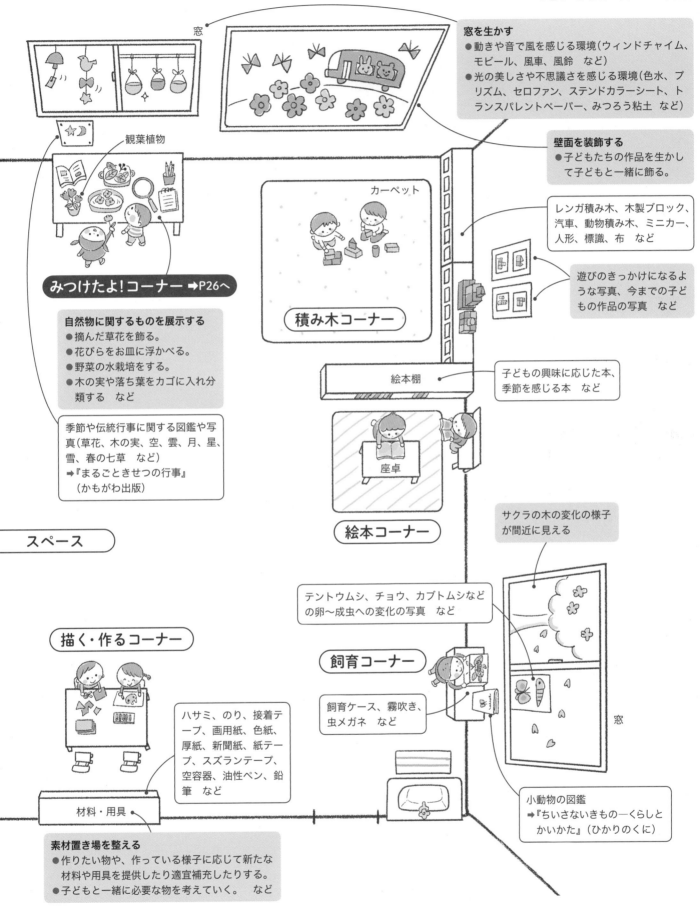

窓

窓を生かす
●動きや音で風を感じる環境(ウィンドチャイム、モビール、風車、風鈴 など)
●光の美しさや不思議さを感じる環境(色水、プリズム、セロファン、ステンドカラーシート、トランスパレントペーパー、みつろう粘土 など)

壁面を装飾する
●子どもたちの作品を生かして子どもと一緒に飾る。

観葉植物

レンガ積み木、木製ブロック、汽車、動物積み木、ミニカー、人形、標識、布 など

遊びのきっかけになるような写真、今までの子どもの作品の写真 など

カーペット

みつけたよ!コーナー ➡P26へ

自然物に関するものを展示する
●摘んだ草花を飾る。
●花びらをお皿に浮かべる。
●野菜の水栽培をする。
●木の実や落ち葉をカゴに入れ分類する など

積み木コーナー

絵本棚

子どもの興味に応じた本、季節を感じる本 など

季節や伝統行事に関する図鑑や写真(草花、木の実、空、雲、月、星、雪、春の七草 など)
➡『まるごときせつの行事』(かもがわ出版)

座卓

絵本コーナー

サクラの木の変化の様子が間近に見える

スペース

テントウムシ、チョウ、カブトムシなどの卵〜成虫への変化の写真 など

描く・作るコーナー

飼育コーナー

飼育ケース、霧吹き、虫メガネ など

窓

ハサミ、のり、接着テープ、画用紙、色紙、厚紙、新聞紙、紙テープ、スズランテープ、空容器、油性ペン、鉛筆 など

材料・用具

小動物の図鑑
➡『ちいさないきもの―くらしとかいかた』(ひかりのくに)

素材置き場を整える
●作りたい物や、作っている様子に応じて新たな材料や用具を提供したり適宜補充したりする。
●子どもと一緒に必要な物を考えていく。 など

みつけたよ！コーナー

コーナー遊びの一例として、P.24〜25の「ある日の保育室」の「みつけたよ！コーナー」の１年間の例を紹介します。
身の回りのその時々の季節の自然に気付き、見たり、触れたり、聞いたり、匂ったりなど、諸感覚で感じ取ったり、取り入れて遊んだりできるように環境を整えましょう。

春 の環境づくり

4月頃
- 園庭で見つけた草花や花びらを室内に飾れるように、小瓶やプラスチック容器を用意しておく。
- 春の草花や虫に関する写真を掲示する。草花遊びの参考になる絵本や図鑑を置いておく。
  『野の草ノート』（文化出版局）、
  『草花あそび』（小峰書店）、
  『すくすくのはら』（アリス館）

5月頃
- 心地よい風を感じる季節には、目や耳で"風"を感じられるように、窓辺に、ウィンドチャイムやモビールなどを飾る。
- 風を利用した遊びに関する本を置いておく。
  『あそびのずかん』（ひかりのくに）、
  『かぜのこうさく』（小峰書店）

6月頃
- 梅雨の季節が感じられるよう、園庭で色づき始めたアジサイの花を飾る。雨や天気に関する絵本や図鑑を用意する。
  『はじめてのてんきよほう』（パイインターナショナル）
- 温・湿度計、天気調べ表を用意する。

夏 の環境づくり

7・8月頃
- ●暑くなってきたら、風通しのよい空間をつくり、目や耳で涼しさを感じられる環境を工夫する(すだれやよしずで日差しを遮る、窓辺に風鈴をつるす、うちわやせんすを置いておく、金魚鉢、浮き玉、ビー玉、ミニチュアのガラス細工、貝殻、観葉植物などを飾るなど。ただし、ガラスや水などレンズになるものは出火原因となるので直射日光が当たる場所は避けましょう)。
- ●海の生き物、星や宇宙などに関する絵本や図鑑を用意する。
- ●花火大会のパンフレットを掲示しておく。
  『こども星座図鑑』(星の手帖社)、
  『すいぞくかんのみんなの1日』(アリス館)

秋 の環境づくり

9月頃
- ●身近な自然の変化の様子を把握し、秋の草花(ススキ、ネコジャラシ、ヒッツキムシ、モミジ)、木の実(ドングリ、マツボックリ)、虫(バッタ、コオロギ)、空、月などに関する絵本や図鑑、月の満ち欠けカレンダーなどを用意する。
  『野の花えほん』(あすなろ書房)、
  『ひっつき虫観察便利帳』(いかだ社)、
  『どこでもどんぐり』(かもがわ出版)、
  『ぼくのまちをつくろう!』(理論社)

10月頃
- ●イネ、カキ、サツマイモなどの収穫物を飾っておく。
- ●地域の秋祭りの写真や祭りに関する本などを置いておく。
- ●遠足に出掛ける動物園や姫路城の写真、パンフレットなどを用意しておく。
- ●地域への興味に応じ、地域のマップを掲示しておく。
- ●木の実や落ち葉などを種類別に分類したり、作ったり遊んだりできるよう、カゴや遊びの参考になる本を置いておく。

冬 の環境づくり

12月頃
- ●光や影の美しさ、不思議さが感じられるように、プリズムやセロファンなどを使ったオブジェを飾る。
- ●子どもたちと一緒に、季節の飾りを用意したり(クリスマスツリー、リース、餅花、羽子板、たこ、新しい年のカレンダー など)、草花を飾ったりする(ポインセチア、ハボタン、スイセン、ウメ など)。

1月頃
- ●おせち料理、七草がゆ、恵方巻きなど、季節の食に関する写真を掲示したり、季節の絵本を置く。
  『雪の結晶ノート』(あすなろ書房)、
  『まるごとクリスマススペシャル』(かもがわ出版)

2月頃
- ●子どもたちと一緒に、鬼の面を飾ったり、雪の結晶に関する写真やオーナメントを飾ったりする。機会を逃さず雪に触れて遊べるよう、黒っぽい段ボール板や虫メガネなどを準備しておく。

3月頃
- ●春の訪れに気付くような木の芽や草花、虫などの絵本や図鑑を置いておく。

園庭自然マップ

園庭の1年間の様子の例です。春から夏へ、そして秋、冬になり、また春を迎えて、様々な表情を見せる自然。自園の園庭には何があるのか、環境マップを季節別に描いてみましょう。子どもたちが自然に触れる機会をたくさんつくれるといいですね。

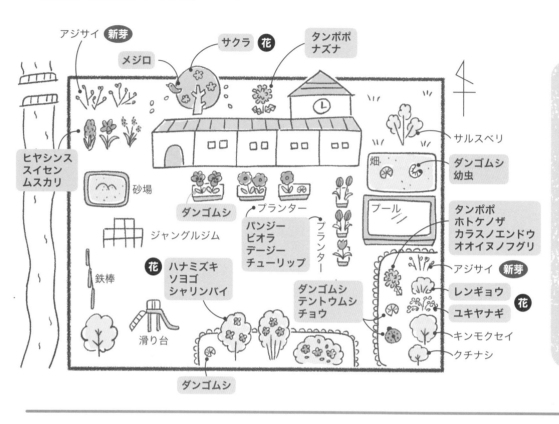

春

暖かくなると、つぼみが開き、花が咲きだします。冬を越えた虫たちも動き始めます。子どもたちは、園庭いっぱいに走り回り、花壇や園庭の端の植物や生き物にも興味をもつでしょう。子どもたちの発見や不思議に寄り添っていきましょう。

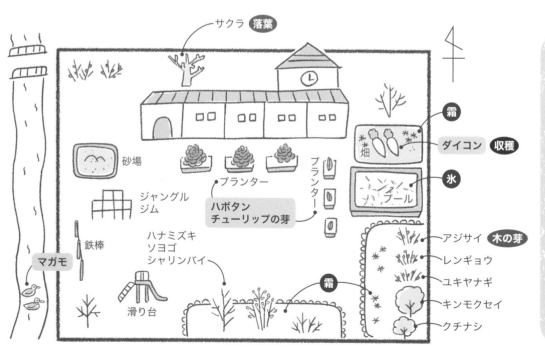

冬

冬になると樹木の葉も次第に落ちてしまい、生き物は影を潜めます。気温が下がると吐く息も白くなり、氷点下になると氷が張り、霜が降ります。一方で冬野菜は収穫の時期を迎えます。冬ならではの自然を体験しましょう。

植物や昆虫の一生を知ろう！

植物は、花が咲き、実がなる準備をし、実って種となり、そして芽生える準備に入ります。生き物も、春夏秋冬、卵から幼虫へ、さなぎになり羽化し、成虫へ、そして卵を産み、次の新しい命へと繋がっていきます。

植物の一生　→　芽生え、生長する　→　　→　　→　種がなる

昆虫の一生　卵　→　幼虫　→　さなぎ　→　成虫になり、卵を産む

夏

梅雨が明け、気温が高くなり日差しが強くなると、夏の花が咲き始めます。カブトムシやセミは幼虫から成虫へと成長し、元気に鳴いたり、飛び回ったりします。活動時、暑い時季は特に、水分補給や熱中症に気を付けましょう。

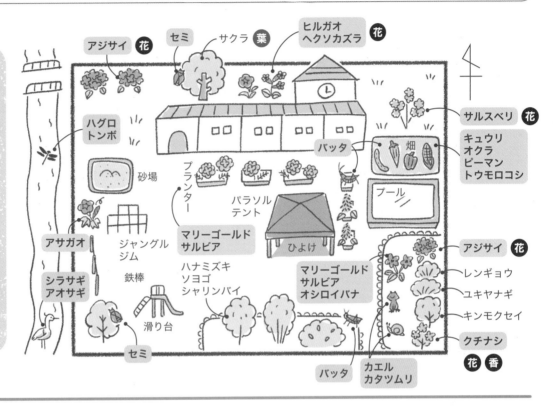

アジサイ 花　セミ　サクラ 葉　ヒルガオ ヘクソカズラ 花
ハグロトンボ
砂場
プランター
マリーゴールド サルビア
アサガオ
ジャングルジム
鉄棒
ハナミズキ ソヨゴ シャリンバイ
シラサギ アオサギ
滑り台
セミ
バッタ
パラソルテント
ひよけ
マリーゴールド サルビア オシロイバナ
バッタ
カエル カタツムリ
サルスベリ 花
キュウリ オクラ ピーマン トウモロコシ
畑
プール
アジサイ 花
レンギョウ
ユキヤナギ
キンモクセイ
クチナシ
花 香

秋

暑い季節が終わり涼しくなると、樹木は紅葉し、秋の花も咲きだします。また、実がなり種を付けます。秋の虫も活動しだします。キンモクセイは、冷え込んだ朝に花開き香りを漂わせます。五感を使って、自然を体感しましょう。

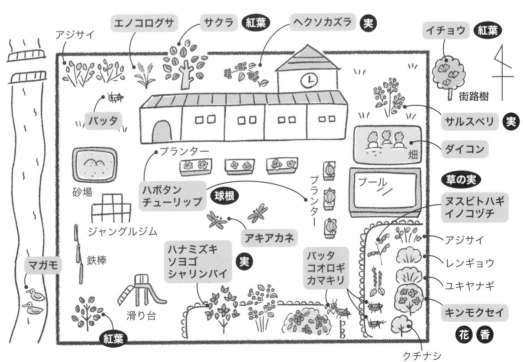

アジサイ　エノコログサ　サクラ 紅葉　ヘクソカズラ 実　イチョウ 紅葉
バッタ
砂場
プランター
ハボタン チューリップ
球根
アキアカネ
ジャングルジム
鉄棒
ハナミズキ ソヨゴ シャリンバイ 実
マガモ
滑り台
紅葉
プランター
プール
街路樹
サルスベリ 実
ダイコン
畑
草の実
ヌスビトハギ イノコヅチ
アジサイ
レンギョウ
ユキヤナギ
キンモクセイ
花 香
クチナシ
バッタ コオロギ カマキリ

春 四季を感じる自然遊び "はる" の遊び

暖かな日差しを受け、子どもたちも春への変化に気持ちも開放的になります。
今まで見ていた自然が少しずつ変わっていることを体で感じながら、楽しんでいます。
身近な環境として自然に触れる機会をたくさんもちたいものですね。

ポイント ①

生まれて5度目の春だから

保育者が気付いていないだけで、毎日目にするものに、子どもは興味や関心をもっています。子どもの目線をもち、自然と触れ合う機会を見守りましょう。

ポイント ②

「あっそうだ！」が実現できる環境づくり

自然に触れることからイメージが広がり、作る、飾る、そしてごっこ遊びへと発展していきます。子どもの意欲が膨らんでいく手助けとなる環境を整えましょう。

ポイント ③

全身でサクラを感じよう

花びらの舞う様子を全身で感じたり、花びらの感触を味わったりして、変化する自然を楽しみましょう。変化に応じて、遊びも発展していきます。

あかこ先生の場合

お部屋にもサクラの木を作ろう！

保育室は2階にあり、窓から裏庭のサクラの木が間近に見えます。子どもたちは、サクラの花のつぼみが徐々に膨らみ、次々に開花していく様子に驚きと喜びの気持ちをもちながら、毎日興味深く観察を続けていました。

なるほど！エピソード解説★

わかこ先生

5年目
サクラの花が「咲いた」「散った」だけでなく、つぼみのときと開花時の花びらの色の違いなど、細かいところまで気付いていますね。

日々姿を変えていくサクラの木に感動したのだと思います。子どもたちのやる気を認めることで、更なる意欲や想像力が高まっていきます。

新任

場面Aでは…
4月当初、子どもの姿に目を配っているつもりでしたが、子どもたちのつぶやきや気付きまで気に留めていませんでした。

わかこ先生
今までは、サクラを下から見上げていましたが、2階の保育室から間近に見ることで、新たな驚きや発見をしたようです。5歳児になると観察力も増し、気付きや学びも深まっていきます。

新任
場面Bでは…
園庭のサクラを、クラスの中にも作ろうなんて、すごい発想ですね。

新任
場面Cでは…
サクラの花見で終わるのではなく、風に舞う花びらを表現したり、拾い集めて感触を楽しんだり、サクラに思いを寄せる子どもたちの感性に驚きました。

場面Dでは…
5年目
サクラの木の壁面は春だけでなく、一年間活用しているのにびっくりです。めぐる季節から得る気付きや感動が、子どもの学びの連続性へとつながるのですね。

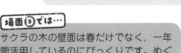

子どもの興味はまだまだ続く！

"はる"の遊びから "なつ"の遊びへ

子どもたちは、「ナズナのみはハートのかたちや」「さんかくのつぼみもあるよ」「ヨモギみつけた！はっぱのうらがしろくて、けがはえてるって、おばあちゃんにおしえてもらった」「やさしいかぜ、きもちいい」など様々な春の自然の中で発見を楽しみました。また、チューリップやパンジーなど園庭の草花から、色や形や美しさと共に、かすかな香りに気付き、花びらや葉ガラを小瓶に入れて飾ったり、首飾りや指輪を作ったりして遊びました。
暑くなってくると、水を使った遊びが活発になりパンジー、アサガオ、オシロイバナ、マリーゴールドなどの花ガラを使った色水遊びへの興味や関心が高まっていきました。栽培している夏野菜の変化に気付いたり、夏の空に興味を持ったりと活動が広がっていきました。

園長先生のこの保育、ここが大事！

5歳児になった喜びと主体的活動

春は草花や樹木などの新芽やつぼみが膨らみ、次々と美しい花を咲かせます。憧れの年長組になった喜びと共に多少不安気な気持ちに元気を与え、しなければならないことを自覚し、やりたいことを自分で選んで行動していきます。4歳児クラスの時から見てきたサクラの木を、年長組となり2階の窓から見るその雄大さ、美しさは大きな勇気と日々の生活に充実感を与え、わずかな変化も見逃さず捉え、活動を展開していきます。身近な自然の力、美しさ、不思議さに心を揺さぶられ、友達と関わりを深め、昨年の5歳児のように「自分からする」という活動が一年間を通じて次々と展開することでしょう。

10の姿で捉えると… 協同性 ｜ 自立心 ｜ 自然との関わり・生命尊重 ｜ 言葉による伝え合い ｜ 豊かな感性と表現

1 子どもの思いを大切にしよう

子どもが主体的に行動できるように、保育者主導の保育は避けたいもの。
子どもの思いにまず耳を傾け、寄り添うことから始めたいですね。
子どもの思いを大切にするには、どのようにすればいいのでしょうか。

ポイント ① 興味を引き出す環境づくりを！

子どもは、季節や行事、地域の活動にも日々、興味をもっています。"出会いたい環境"（P.18〜23参照）を保育者がさりげなく、でも確かにつくっていきましょう。

ポイント ② 思いをすぐに形にできる準備を！

子どもの思いは言葉で聞くだけではありません。具体的にイメージを形にできるよう、材料や用具を準備します。状況により、再構成をしていきましょう。

ポイント ③ 「みんなみてみてー！」をクラスで共有しよう！

一人ひとりの思いを、みんなで共有しましょう。共有することは、一人ひとりの考えや工夫を認めることにつながり、主体性も育まれていきます。

わかこ先生の場合　4月中旬〜

思い思いにイメージを膨らませて、自分のこいのぼりを作ろう

毎年、4月中頃になると、家庭でこいのぼりを揚げたり、地域にもこいのぼりが見られるようになったりします。子どもたちは、『こいのぼり』の歌を口ずさみ、見たことや感じたことを楽しそうに友達と話し始めます。

なるほど！ エピソード解説★

わかこ先生

場面Aでは…

こいのぼりを、前もって準備し、点検しておきます。また、保育者間で「こどもの日の集い」の持ち方やこいのぼりを揚げる場所について話し合っておきました。室内には、こどもの日にちなんだタペストリーやかぶとの置物を飾ったり、風に関する本を用意したりしておきました。

わかこ先生

場面Bでは…

自由に描いたり作ったりできるように、様々な大きさや材質の紙（画用紙片、包装紙、色紙など）、パス類、水性ペン、色鉛筆などを決まった場所に置いています。また、子どもが扱いやすい材料や用具（空き容器類、紙テープ、ハサミ、のり、粘着テープなど）をいつでも使えるように用意し、遊びの様子を見ながら再構成しています。できあがった作品は、その場で飾れるように子どもと共に環境を整えていきます。

場面Cでは…
新任

クラス全員で大きなこいのぼり作りをしなかったのは、どうしてですか？

わかこ先生

子どもの意見を大事にしたいと思いました。5歳児になったばかりなので、どの子どももやる気があふれています。自分なりに工夫して、こいのぼり作りを楽しんでほしいと思いました。結果的には、一人ひとりの考えや工夫を認めていく機会が増え、子どもとの信頼関係も深まっていきました。

子どもの興味はまだまだ続く！
素材への親しみが 次の製作活動へ

こいのぼりへの興味や関心から、絵を描く、色紙で作る、空き箱や巻き芯など身近な材料で立体的に作るなど、自由にこいのぼりを表現して、楽しむ姿が見られました。

自分のこいのぼりを作り上げた体験を通して、身近な材料や用具で工夫して作る活動への関心が高まっていきました。その後も、遠足や地域のお祭りなど、さまざまな体験を生かして、遊びに必要な物を作り、友達との遊びを楽しんでいきました。

園長先生の この保育、ここが大事！
計画的な環境構成が子どもの 主体的な活動と自分なりの表現へ

地域にこいのぼりが揚がり、子どもの話題になる頃、保育室内外の保育環境を子どもたちが主体的に関われるように整えると、それぞれの創意工夫があふれる"こいのぼり"が完成します。「今日はこいのぼりを作りましょう」と一斉に作るよりも、こいのぼりに夢を描き「みて、みて、わたしのこいのぼり」と自信に満ちあふれたこいのぼり作りができることを大事にしましょう。

10の姿で捉えると… 思考力の芽生え　豊かな感性と表現　数量や図形、標識や文字などへの関心・感覚

活動の一つひとつを大事にしたいけれど、そうすると、どうしてもぶつ切りに
なってしまいがちです。子どもの興味、関心を広げていくためにも、
活動が途切れずつながっていくといいですね。

ポイント ①

季節や身近な自然を保育に生かそう!

季節や身近な自然は最大の環境です。次に「出会いたい環境」を意識して、教材を準備しておきましょう。

ポイント ②

子どもの「これ、なに?」「なぜ?」を大切に、活動の展開を

興味や関心のあることに、「なぜ?」と疑問を持つことが好奇心の始まりです。この「なぜ?」が次の活動へとつながっていきます。

ポイント ③

子どもの声に共感し、一緒に考えよう!

子どもの気持ちを受け止め、共感し、一緒に考えることで、子どもの興味や関心はさらに広がっていきます。

わかこ先生の場合 4月下旬

テントウムシとの出会いから飼育、そしてメダル作りへ

毎朝、園庭に出ると、進んで花の水やりや虫探しを楽しみ、草花や虫を見たり触れたりすることで、身近な春の自然に興味や関心をもっています。3、4歳児の頃からダンゴムシ探しをしていた経験から、子どもたちはダンゴムシがいそうな場所をよく知っていて、見つけたダンゴムシの飼育を始めました。

なるほど！ エピソード解説★

新任
場面Ａでは…
虫が苦手な私は、子どもたちが虫を飼育したいと言うと困惑します。どうすればいいですか…？

わかこ先生
昆虫を観察しているといろいろなことに気が付きます。「なぜ？」という疑問は好奇心の始まりです。子どもと一緒に見つけた虫を見てみましょう。そして、子どもが気付いた言葉には耳を傾け、「おもしろいね」「不思議だね」と、共感しましょう。

わかこ先生
場面Ｂでは…
見つけた生き物を飼育できるように、『ちいさないきもの―くらしとかいかた』（ひかりのくに）、飼育ケース、空きビン、霧吹きなどを身近に用意しておきました。

わかこ先生
場面Ｃでは…
もし、飼育している虫が死んでしまったら、子どもたちとお墓を作って、お弔いすればいいと思います。次回に向けて子どもたちと、昆虫に合わせた飼育の方法や、どうして死んだのかなど、考えたり話し合ったりすることも大切です。

わかこ先生
場面Ｄでは…
5歳児が、誕生児にメダルを作ってプレゼントすることが恒例になっています。自分たちが毎年もらってきたので、5歳児になって、メダルを作ることをとても楽しみにしています。

5年目
場面Ｅでは…
テントウムシがかわいいと思う気持ちがメダル作りにも反映されていますね。

子どもの興味はまだまだ続く！

広がる製作活動は ジオラマ作りへと

色紙でのテントウムシ作りは、友達同士で教え合いながら、クラス中に広がっていきました。
色や模様を工夫して作ったテントウムシを壁面に飾ったことから、「くさもつくろう」「うん、いいかんがえや！」「おはなもつくったら？」…と次々にイメージを膨らませていき、画用紙で草や花も作り、テントウムシの世界を表現して楽しみました。
その後も、それぞれの季節の自然に触れる中で、6月はカタツムリやアジサイ、7～8月はセミやカブトムシなど、虫や草花などを身近な材料で思い思いに表現してジオラマ作りを楽しむ活動が続いていきました。

園長先生の この保育、ここが大事！

小さな生き物の生命の営み、 感動、不思議さ、発見などの体験

カラスノエンドウの茎にアブラムシ。観察していると、テントウムシが茎をよじ登ってくる。「うわぁ、なにかある」と心を動かした子どもたちは、黄色い小さな卵に気付く。飼育ケースの中でテントウムシの飼育が始まる。卵→幼虫→サナギ→成虫と育つ中で黄色い卵がテントウムシの卵だったこと、アブラムシがテントウムシのエサであることなど、虫博士のＴ男や図鑑の力を借りながら、子どもたちは身近な事象に興味や関心を高めています。身近な事象への関心が深まった子どもたちは、誕生児のプレゼントのメダル作りにつながっていきます。友達のことを思いやる心、工夫、協力するなどの協同性、人間性などの育ちを感じますね。

10の姿で捉えると…
自立心　協同性　思考力の芽生え
自然との関わり・生命尊重　言葉による伝え合い
数量や図形、標識や文字などへの関心・感覚

3 栽培が苦手で…。楽しくするには？

夏野菜を育てたいけれど、栽培が苦手で、どのように教えてみんなで育てていけばいいのでしょうか。
できれば楽しんで、自然に触れる機会をつくりたい…。
どの活動も、子どもと一緒に楽しんでいけばいいのです！

ポイント 1
子どもと一緒に計画を立てよう！

一緒に話しながら計画を立てていきます。ボードやカレンダーを用意し、目に見える形で友達と共通理解をもてるようにしましょう。

ポイント 2
いろいろな人の知恵、力を借りよう！

事前の準備は大切ですが、子どもからの疑問にわからなくても慌てず、図鑑を見たり、他の保育者や保護者に尋ねたりするといいでしょう。

ポイント 3
成長記録を描いてみよう！

子どもが見たもの、触ったもの、感じたものを表現できるように、成長記録として観察画を描いてみましょう。植物の成長の変化に気付いていきますよ。

あかこ先生の場合

4月下旬〜8月上旬

ひとりひと苗、自分の育てたい野菜を栽培しよう

昨年に、5歳児が夏野菜を育てている様子を見て、生長や収穫に興味をもっていた子どもたち。5歳児になり、今度は自分で夏野菜を植え、育てて、食べることへの期待を膨らませていました。

なるほど！エピソード解説★

新任

場面Ⓐでは…
全員同じ野菜ではなくて、自分の育てたい野菜を栽培するなんて思いつきませんでした。途中で枯れたらどうするのですか？

わかこ先生
その時は、子どもたちと一緒にどうするか、考えていきます。もう一度植えてみよう、友達と一緒に育てよう…など、子どもなりに考え、学ぶことも多いと思います。

5年目

場面Ⓑでは…
話し合ったことをボードやカレンダーに書き込むことで、友達との共通理解や、見通しをもって物事を整理したり、考えたりすることがしやすくなるんですね。

5年目

場面Ⓒでは…
いろいろな植物を植えることで、特性や育ち方の違いにも気付いたんですね。

新任

場面Ⓓでは…
自分の体や手足を使って、測っているのがすごいですね。

新任

場面Ⓔでは…
ナスの花は紫色ではないかと予想しながら育てていたんですね。なんだか実験を楽しんでいるみたいですね。

新任

場面Ⓕでは…
子ども同士でもっとよく見てみよう、違う角度からも観察してみようと競争しているみたいです。

場面Ⓖでは…
わかこ先生
B5用紙の1/2の大きさの画用紙と鉛筆というのが子どもにとっては描きやすかったようです。画板がわりの厚紙も用意しておくと、その場で実物を観察しながら描くことができますよ。保育室に帰ってから、色鉛筆で丁寧に色づけをしていました。

5年目

場面Ⓗでは…
自分たちで、苗を植える土作りからしてきたせいか、どの子の絵にもしっかりと地面が描かれていますね。

場面Ⓘでは…
わかこ先生
野菜の生長過程の観察画を描くことで、茎や葉、花、実の様子（色や形、大きさ、数など）をよりじっくりと観察し、気付きを広げ、深めていっています。生長への期待も、より高まっていきます。

漫画

あっ
ちょっとおおきくなった

1、2、3
はっぱのかずがふえた！
キュウリのおはながさいたよ！
あっ ちっちゃいあかちゃんトマトはっけん！

Ⓓ オクラのはっぱ ぼくのてよりおおきいよ
すご〜い!!
Ⓔ ナスのはなはやっぱりむらさきやった
Ⓕ あかちゃんピーマンはっけん！
あっ
こっちにもあるよー!!

トウモロコシは…
うわぁ…
わたしよりおおきくなった〜!!
ヒゲもちゃいろになってきたよ
すごいね！どこまでのびるんやろ！
ちっちゃいトウモロコシができた！
わぁ〜ほんとだね!!

Ⓖ みんな！発見したことを絵に描いてみない？
わぁ…
やりた〜い
早速、観察画を描き始めました。どの子もまずしっかりと地面を描いて、力強い茎を描いています。
Ⓗ

その後も観察画は続き…
ちっちゃいはっぱちゅうくらいのとおおきいの…
みんなおおきさがちがうよ
いろいろないろのトマトみつけたよ！
はっぱももようがある
そしてみどりになってきた
はっぱまたふえてる！かぞえたら62まいあったよ
Ⓘ
なりかたはみどりからうすみどり…で、あか！

次のページへ続く

なるほど！ エピソード解説★

新任　場面Jでは…
オクラを上からも下からも見て、その特徴に気付いているのにびっくり！　トマトの実や葉の色の変化、数まで…本当に細かく観察していますね。

場面Kでは…　5年目
自分の育てている野菜だけでなく、友達の野菜にも関心をもっていますね。

5年目　場面Lでは…
子どもたちで野菜の世話を進めていっているように思うのですが、保育者はどのような配慮が必要なのですか？

わかこ先生
オクラの苗が大きくならない、トウモロコシは葉っぱばかり、キュウリの葉が白くなる（うどんこ病）、トマトが赤くならない…など、様々な問題が発生しました。その都度、保育者は子どもたちと一緒に考えていきます。図鑑で調べる、野菜作りが得意な職員や保護者に話を聞くなどです。

場面Mでは…　5年目
祖父へのアプローチが、植物への関心を深める後押しとなりましたね。

場面Nでは…　5年目
園での活動が、家庭でも話題になるなんてうれしいですね。

場面Oでは…　5年目
キュウリにトゲがあることはわかっていたけれど、トゲに触って初めてその鋭さに気付いていますね。見て、触って、におって、食べて、夏野菜は、五感を使う実践となりましたね。

新任　場面Pでは…
キュウリの切り口から水が出てくるなんて知らなかった！「キュウリのジュース」という表現もステキです。

場面Qでは…　5年目
トマトとキュウリの育て方の違いがわかったんですね。図鑑に書いてあった通りに、生長し収穫できたことはうれしい体験ですね。知識だけでなく、実体験を伴うことでより豊かな知識になりましたね。

ポイント① 子どもと一緒に計画を立てよう！

ポイント② いろいろな人の知恵、力を借りよう！

ポイント③ 成長記録を描いてみよう！

前のページより続き

キュウリはブツブツで…
まわりはトゲトゲいっぱいや！
あっ
さきっぽに、きいろいおはながついてる！

オクラを…
そしてよこからみたらオクラや！ J
うえからみたらおおきいほし
したからみたらちいさいほし

トウモロコシのみ、ほうせきみたい
きれい!!
うん!!
しろいのもあるね…

そんなある日…
どの野菜よりも早く花が咲き、実ができたトマト。でも…？
ぼくらのトマト…
いつになったらあかくなるんやろ!!
ほんまやな… K
ポツン…

休み明け…
なんや〜どうしたー!?
たいへん！かれてしまうー!!
うわぁ!!
はっぱがぐったりしてる!!

だいじょうぶや
トマトはみずをあげたらあまくならないんやで

ぼくのおじいちゃんもトマトつくってて、そういってた
へ〜、そうなんや！Mちゃんよくしってるね！
ほんとや、トマトはしおれてない

ねぇMちゃん、おじいちゃんにどうしたらいいかきいてきてくれない？

ねぇおじいちゃん…
たいようがあたると、みがあかくなるんやって！
いいよ〜!!
みはツルンツルンや L

こっちはどうかな？ M
たいようがあたると…
あと、かれたはっぱをとって…

やさいみて！
収穫が楽しみやなぁ
N もうすぐやで…

いよいよ収穫の日！
うわぁ！わたしのキュウリおおきくなってる!!
しゅうかく、できるー!!

いたいっ!!
すごいトゲトゲや…!
どこをもったらいいのかな… O

チョキンッ
そっ…
プチュッ

P キュウリからわわっみずがでてきた！
すごーい!!
キュウリのにおいがする！
キュウリのジュースがでてきたんや！
え〜!?
どれどれー!?

Q やっぱりキュウリはすいぶんがおおかったんや
トマトとちがっておみずをいっぱいあげたからね
ずかんにかいてあったとおりや！
Sちゃんよかったね!!

子どもたちが描いた**観察画**

キュウリの
おはなが
さいたよ

あっ、さきっぽに
きいろいおはなが
ついてる！

オクラを
うえからみたら
おおきいほしで、
したからみたら
ちいさいほし、
よこからみたら
オクラや

かぞえたら
62こ
あった！

言葉では表しきれない
驚きや発見が出ました

なりかたは、
みどりから
うすみどり…で、
あか！

いろいろな
いろの
トマトを
みつけたよ！

トウモロコシがおおきくなった！
ヒゲもちゃいろになってきたよ

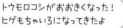

トウモロコシのみ、ほうせきみたいで
きれい！　しろいみもあるよ

ちっちゃい
トウモロコシができた！

えっ？　これが
トウモロコシのはっぱ？

子どもの興味はまだまだ続く！

収穫した野菜をおいしく食べよう！

初物は保護者と一緒に収穫して、家庭に持ち帰りました。自分が育てた採れたての野菜を家族みんなで味わうことで、栽培や収穫、おいしく食べることの喜びを実感することができました。

その後、収穫した野菜は、調理師と連携をとって、サラダやバーベキュー、ピザなどにして、異年齢児と一緒に喜んで食べました。

夏野菜から冬野菜の栽培活動

夏野菜の収穫が終わると、子どもたちは、今度はダイコンを育てたい！　と考え、9月に土作りをして種をまき、栽培活動への興味や関心は続いていきます。

ダイコンは、1月の初めに収穫して、ダイコン炊きや切り干しダイコン作りを楽しみ、おいしく味わいました。特に手作り切り干しダイコンの風味や食感は最高で、「いままででいちばんおいしい!!」と大満足でした。

園長先生の
この保育、ここが大事！

生命の生長への温かい感情と
注意深い観察力

夏野菜作りに期待を膨らませている子どもたちに、夏野菜栽培の提案をし話し合っています。子どもたちの意見を受け止めながら、ひとりひと苗で育てることや土作りや苗植えについて具体的に見通しがもてるようボードやカレンダーに書き込み、計画を立てています。準備に1週間あまりの時間をかけ、いよいよ苗植え。苗を手にした子どもたちは、栽培を通して諸感覚を駆使し、予想しています。また、自然の変化や力を感じ取りながら、対象物を注意深く観察、記録しています。4か月あまり続いた活動で、子どもたちは、家族や園の職員達の力を借りながら、持てる総能力を活用し、言葉で伝え合い、観察力や表現力を高めています。その豊かな経験から、多くの学びの姿が見られますね。

10の姿で捉えると…	自立心　協同性　社会生活との関わり　思考力の芽生え
	自然との関わり・生命尊重　数量や図形、標識や文字などへの関心・感覚
	言葉による伝え合い　豊かな感性と表現

4 遠足を、行って終わりにしたくない！

遠足は、子どもが園の外の社会と関わるとても貴重な機会です。
絵本や図鑑で見て想像を膨らませていたものを、実際に見て、聞いて、触って、
感じることができる豊かな体験でもあります。子どもの心に残る体験にしていきたいですね。

ポイント 1

準備はOK？ ワクワクを膨らまそう！

パンフレットや図鑑を用意して、遠足への期待を高めましょう。どんな所か、何があるのか想像すればするほど、当日が楽しみになります。

ポイント 2

それぞれの感動を、それぞれの表現で！

遠足では、一人ひとり見たもの、感じたものは異なります。一斉に同じ活動をするのではなく、それぞれが表現できるように道具や描画材を準備しておきましょう。

ポイント 3

描いた思いを受け止めよう！

何を描いたのか、子どもの言葉に耳を傾けましょう。みんなで共有することで、お互いの思いを認め合うことにもつながります。

わかこ先生の場合 / 6月上旬

水族館遠足での感動体験を絵や言葉で表現しよう！

昨年（4歳児のとき）、夏祭りで金魚すくいを経験した子どもが、金魚の絵を描いたことから海の生き物に興味や関心をもち、魚、カニ、イルカなどの絵を描いたり、身近な材料で作ったりして、"水族館"作りを楽しみました。5歳児になり、水族館遠足を前にそのことを思い出して、友達と海の生き物についての会話が盛り上がっています。

なるほど！エピソード解説★

新任
場面Cでは…
行事を終えたら、一斉に絵を描かせるものだと思っていました。

わかこ先生
場面Aでは…
数日前より、子どもたちの目に触れるように、水族館のパンフレットを貼ったり、海の生き物図鑑を置いたりしていました。

わかこ先生
水族館から帰るとすぐに絵を描くだろうと予測していたので、前もって、自由に描くコーナーに画用紙や絵の具などを準備しておきました。

わかこ先生
絵には、印象に残ったことや、想像したことなど、子どものメッセージが詰まっています。絵のお話を通して、一人ひとりの子どもの思いをしっかりと受け止めていきたいと考えています。

新任
場面Bでは…
子どもたち一人ひとりが、「こんなことしたい」という思いを持っていることに驚きました。

新任
場面Dでは…
絵を描いたらすぐに、子どもの言葉を書き留めるんですね！

5年目
場面Eでは…
保育者が子どもの言葉を受け止め共感することで、子どもは興味や次への意欲を高めていますね。

5年目
場面Fでは…
知育ブロックで自動車を作っていたT男が魚を作り始めましたね。T男は作ることが好きなのですね。得意な知育ブロックで魚を表現しようとするT男の感性が素晴らしいですね。

D
ふむふむ　なるほど！！
ペンギンが…　おさかなたべて…

E
一人ひとりの絵に込めたお話に保育者は引き込まれ…
夢中でカードに書き留めていきました
お話も貼っておくね
わぁ～!!
ぼくもかきたい！

サメかこう！
だいすいそうは…
ガサッ
のけっ
わぁすごい　F
パチパチッ

空き箱を水槽にしない？
Tくんすごい！！
ぼくもつくりたい
わたしはいろがみでつくる！
カップとはこをくっつけて…
ほんまや！！
ジャ～ン!!!
海の生き物たくさんできたよ

子どもの興味はまだまだ続く！

ひとつの体験が次の遊びへ

その後、7月の科学館遠足で体験した磁石の遊びがヒントになり、画用紙で作った魚にクリップを付けて魚釣りごっこを楽しみました。8月下旬の夏祭りの行事では、看板、チケット、釣った魚を入れる袋などを作り、1～4歳児を招待しての"お店屋さんごっこ"へと発展しました。
11月の作品展では、子どもたちは、"ひめじのまち作り"をしたいと考えます（P.58「共同製作活動って、どうすればいいの？」参照）。

子どもたちが描いた　水族館遠足の絵

ヒトデは、ブツブツがいっぱいやったよ。ザラザラしてた

ナマコはかたくて、もってたらおみずがでた。おしっこかな？

およぐのすごいはやかった。とりがそらをとんでるみたいやった、ビュー！って

エイのかおがかわいかった。おんなのこかな？にっこりわらってるみたいやった

ペンギンがさかなをたべたの、びっくりした。さかながおおきくてー

タコはさわったらヌルヌルして、つかまえるのたいへんやった。きゅうばんがブツブツくっついてきたよ

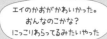

「描きたい！」思いがあふれています。

園長先生のこの保育、ここが大事！

体験の継続性と生き物に触れた喜びの感動が子どもの心を動かす

金魚すくいの体験から、海の生き物に興味をもっていた子どもたちは、5歳児になり水族館遠足に向かいます。数日前から水族館のパンフレットや図鑑を環境の中に取り入れ、水族館の話題で楽しみ、期待を高めて出発！　好奇心いっぱいの子どもたちの観察力は、生き物の魅力に触れた感動から、描かずにはいられないといったように、絵に表していきます。保育者は、絵の話を聴きながら丁寧に書き留めています。みんなが一斉に描くのではなく、描いている子どもの姿からの広がり、得意分野を生かした生き物の製作へと活動はつながっています。主体的に活動が展開すると、目的が同じ仲間が集まり考えを出し合い、協力し合うなど、学びは対話的になり、深まっていきます。

10の姿で捉えると…	協同性　自然との関わり・生命尊重
	数量や図形、標識や文字などへの関心・感覚
	社会生活との関わり　思考力の芽生え
	豊かな感性と表現

夏 四季を感じる自然遊び "なつ"の遊び

春から夏へ、気温や湿度の変化とともに、日差しも強くなり、
緑も色濃くなっていきます。外遊びでは熱中症に注意をしながら、
また水分補給をこまめにしながら、夏の自然を楽しみたいですね。

わかこ先生の場合

ポイント

1

夏の音、きこえた

梅雨が明けるとセミが鳴き出し、鳴き声が次第に活発になります。セミの声をたどったり、セミの抜け殻の感触を楽しんだり、様々な感覚で夏の自然を感じましょう。

2

「もっと」「もっかい」を見守って

子どもたちは、目的に対して、今までの経験も生かしながら、様々な方法を試みようとします。その試行錯誤を見守り、達成感や喜びにつなげましょう。

3

ドキドキは指先から伝わる

実物に触れるに勝る体験はありません。そこから、新たな気付きが生まれます。子どもが興味をもつことには、積極的にサポートしていきましょう。

梅雨明けから夏へ、セミを捕りに行こう！

毎日雨が降り続く梅雨の時季、子どもたちは園庭に出ることができず、保育室で思い思いに遊びを楽しんでいました。時々、窓の外に降る雨を眺めて、雨が降るのを楽しんでいる子どももいました。早く雨が上がらないかなぁと心待ちにしていたところ…。

なるほど！
エピソード解説★

 場面Ⓐでは…
わかこ先生
セミが鳴き始めたことに気付いた子どもたちが、セミ捕りへの期待を高められるように、網や虫カゴを用意しておきました。

 場面Ⓑでは… 新任
セミ捕りは夢中になる子もいますが、あまり興味のない子もいます。

わかこ先生
セミ捕りの楽しみは、捕る工夫をしたり、網を使いこなすおもしろさだったりします。網を持ってセミの鳴き声を頼りにどこにいるか探す、何度も何度も挑戦してやっと一匹捕まえる、その時の喜びが夢中にさせるのでしょうね。虫の苦手な子どもには、得意な子どもの気付きや発見を紹介して、クラスのみんなで共有することが大切なんですよ。

  場面Ⓒでは… 5年目
捕まえたセミをみんなで観察する姿がいいですね。どうしてもセミを捕まえただけで満足してしまいがちです。

 わかこ先生
セミの名前や特徴が調べられるように図鑑を用意しておきます。セミの寿命は短いので、子どもたちと相談して、観察が終わったら逃がしています。

 子どもの興味はまだまだ続く！

"なつ"の遊びから "あき"の遊びへ

"セミの抜け殻探し"に夢中になったり「ヒグラシがないていたよ」と教え合ったりしてセミへの興味は尽きません。草むらで飛ぶバッタやコオロギを見つけては、友達と図鑑で調べて楽しんでいます。不思議に思ったことを「知りたい」「わかったことを伝えたい」の気持ちが高まっています。
　アサガオやオシロイバナなどを使った色水遊びも活発で、花汁を混ぜて自分が思う色作りに挑戦したり、布や紙を「染める」遊びも楽しんだりしました。花が実や種に変わる頃、オシロイバナの黒い実をつぶして白い粉を取り出し、手や足に付けて「白粉ごっこ」と友達と見せ合って楽しんでいました。

 園長先生の この保育、ここが大事！

セミ捕りを通して命を実感、仲間関係の育ち

　蒸し暑い夏、セミの声を聞くと、急いで網を持ち、セミの止まっている木に、そっと近付く。5歳児にとってセミ捕りは、昨年の年長児の姿から憧れた活動の一つです。鳴き声からセミの止まっている木や位置を確かめ、必要があれば踏み台を持ってきて、ねらいを定め、どうすれば捕まえることができるのか、仲間と知恵を巡らし、取り組みます。そして、網から取り出して手に感じた"生きている"と実感した命、"ドクンドクン"、「セミもしんぞうあるかな」「おなかにオレンジのがついている」「あしが6ぽん」。セミについてもっと知ろうと仲間と図鑑で調べる、抜け殻を数える、セミの幼虫の穴探しをするなど。子どもの観察力、行動力、命への理解や思いなどが深まると共に、仲間関係の育ちや自己肯定感など、子どもの心に育つものが大きいといえます。

10の姿で捉えると…	健康な心と体	思考力の芽生え
	自然との関わり・生命尊重	
	言葉による伝え合い	豊かな感性と表現

5 異年齢児との関わり、どうしてできたの？

異年齢児との交流の活動をどのようにしたらいいのか悩んでいます。
同年齢だけの活動に縛られたくはないのですが、かといって、
無理せずに活動の機会を設けるにはどのようにすればいいのでしょうか？

ポイント 1

子どもの 自主性を育む 環境づくり

普段の遊びの中でも、子どもたちは異年齢児にしぜんに自ら関わろうとしています。保育者が見逃さずに環境を整えていきましょう。

ポイント 2

3・4歳児の 体験を振り返って そこに育ちを見る

3・4歳児の体験は、5歳児になった子どもの心に残っています。体験を通して知ったこと、学んだことを何度も繰り返すことで、体験を重ねていきます。

ポイント 3

「いい考えだね！」 5歳児の思いに 共感しよう！

3歳児の時の体験から、3歳児に「○○してあげたい」という思いを膨らませます。保育者がその思いに共感することで、子どもは確信をもって発信できるのです。

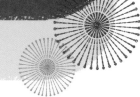

わかこ先生の場合　　7月下旬

色水遊び 〜3歳児への思いやり〜

3歳児の頃から保育者が摘んだパンジーやアサガオの花ガラを使って、繰り返し色水遊びを楽しんできた子どもたち。きれいな色の色水を作ろうと思い、ポリ袋に花ガラをたくさん入れてしまいます。水が濁ってしまい、思い描いていた色ができずに残念な体験もしました。

子どもたちは、アサガオの花はやさしくもむだけできれいな色が出ることをよく知っています。また、花の色によって、どんな色の色水ができるのかをイメージできているなど、3、4歳児の時の経験を生かして遊ぶ様子をうれしく思い、見守っていました。

なるほど！エピソード解説★

わかこ先生

夏野菜や草花の水やりが進んでできるよう、子どもたちと一緒にプランターのそばにジョウロを準備します。毎日、子どもたちと水やりをしながら、野菜や草花の生長の様子を把握しているのです。花ガラを使った遊びの始まりを予測して、環境を用意しています。

環境構成
【草花遊びの図鑑】●『すぐできるやさしい あそびの本⑥ 草花あそび』（小峰書店）、●『野の花えほん』（あすなろ書房）
【素材】●プリンカップやイチゴパックなどの空き容器 ●ポリ袋（小）●油性フェルトペン（自分が作った色水がわかるように名前を書く）など

新任
場面Aでは…
花が元気がないのは水が足りていないからだと思えるのは、今までの経験で得た知識ですね。

新任
場面Bでは…

栽培しているアサガオが咲いていることを喜び、そのアサガオで色水を作って3歳児にプレゼントしようという思い付きにも、やさしさにも感心しました。

わかこ先生
自分たちが3・4歳児のときに繰り返し楽しみ、大好きだった色水遊びを、年下の子どもたちにも楽しんでほしいと願う5歳児の気持ちが伝わってきました。そんな子どもたちの育ちの姿をうれしく思いました。

新任
場面Cでは…

アサガオの枯れた花一つで色水遊びができるんですね。今までいっぱい取っていました。先にもんでから水を入れることも初めて知りました。

わかこ先生

そうなんです。3、4歳児の頃に「ジュースをつくりたい！」という強い思いから、花のつぼみを摘んでしまったこと、花ガラをたくさん使って色が混ざってしまったことなどの様々な体験が、5歳児になった今に生きていることに私自身気付きました。

子どもの興味はまだまだ続く！

その後も3歳児とのつながりは続く

3歳児は、5歳児からもらった色水で思い思いに遊び、中には昼寝のときに大切に枕元に置いている子どももいたとのこと。それを5歳児に伝えると、とても満足そうでした。
3歳児は、その後も毎日のように色水作りを楽しみ、5歳児はその様子を見守ったり、一緒に作ったりし、色水遊びを通して、3歳児としぜんに関わる姿が多く見られました。

園長先生の この保育、ここが大事！

3歳児への思いやり

色水遊びを3歳児から楽しんできた子どもたち。5歳児になると今度はその楽しさを3歳児に伝えようとしています。3歳児の喜ぶ姿をイメージしながら、5歳児として、今、自分にできることを考えるという、遊びを生み出す力の基礎となる知識や技能、そして、相手のことも考えながら遊びを展開させる子どもたちの心に拍手です。

10の姿で捉えると… 自立心 思考力の芽生え 言葉による伝え合い 豊かな感性と表現

6 子どものひらめき、ここから遊びが始まる！

子どもの主体性を育みたいと思うのですが、どのように準備すればいいのか、
どのようなきっかけで遊びが始まるのか、いつも悩みます。
子どもの気付きを遊びに結び付けるには、どのようにすればよいのでしょうか。

ポイント 1

社会、自然事象の ニュースなど 常にチェック

季節や天候、その時々の社会のニュースなど、子どもの興味は十人十色。興味を広げるために、偶然の出会いも生かし、常に様々な事象をインプットしておきましょう。

ポイント 2

活動の発展を 予測して、 教材を準備しよう

活動を発展させる準備は必要です。子どもは、今まで経験したことを思い出しながら、活動を広げていきます。すぐに取り出せる準備をしておくといいでしょう。

ポイント 3

「なるほど！」 「それいいね！」 子どもの興味を広げよう！

保育者のことばがけは、興味の広がりにつながります。子どもが以前もっていた興味や、それはどのような経緯があったのかなども振り返ってみるといいでしょう。

 あかこ先生の場合　　8月上旬

湿った地面との出会いからの 遊びの展開

7月に"七夕"の行事を経験してから、子どもたちは星や月への興味や関心が高まり、室内に置いていた空や星に関する図鑑や月のカレンダーをよく見ています。また、家庭でも保護者と一緒に夜空を見上げたり、テレビのニュース（スーパームーンに関する）に関心を持ったりする子どもが増えてきました。スーパームーン当日の夕方、数人の子どもが大きな月に気付いて空を見上げていました。その夜に雨が降り、朝起きると地面がぬれていました。

なるほど！エピソード解説★

場面Aでは… 新任
昨日の出来事が話題になり保育が始まるんですね。

わかこ先生

"万華鏡"（向こう側が透けて見えるもの）は、いつでも使えるように室内に置き、身近な物をのぞいて、不思議な世界を楽しんでいました。地面に描いた天の川も"万華鏡"で見ることで星の世界へのイメージがさらに膨らみ、その美しさを友達と共に味わうことができました。

5年目

場面Bでは…
子どものつぶやきを、保育者がちゃんと聞いて共感することで遊びが始まるのですね。

わかこ先生
子どもたちの星や月への興味、関心から次の活動を予測して、この時期ならではの環境を構成します。

環境構成
●『こどもの星座図鑑』（星の手帖社）●月の満ち欠けカレンダー ●月や星に関するタペストリー ●てぬぐい ●ポストカード など

場面Cでは… 新任
どうして万華鏡で見たいと思ったのでしょうか。それに、私だったら室内の玩具を外に持ち出さないでと注意していたと思います。でも万華鏡で、本当の夜空に広がる星の数と同じくらいの星を見たのでしょうね。

場面Dでは… 5年目

「お月様はどこに見えるのかな？」の言葉はステキですね。私だったら「ステキな天の川だね」だけで終わってしまっていたと思います。または、「スーパームーンも描いたら？」と言ってしまっていたかも…。

場面Eでは… 5年目

「後で調べてみよう！」という言葉は、子どもたちの興味を素早くキャッチして次の活動につなげていますね。「子どもの言葉に耳を傾ける」ってこういうことなのですね。そして、この遊びは、子どもたちの充実した遊びの足跡ですね。自分たちが地面に描いた天の川や月などを、年下の子どもたちにも知ってほしい、見てもらいたいと強く思う気持ちが伝わりますね。

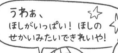

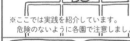

子どもの興味はまだまだ続く！

図鑑を広げて星座の世界へ

B男は、保育室に帰ってから星座の図鑑を広げ、園庭に描いた"3つの星"を調べて「そうそう、これや！ オリオンざやったんや！」と、確認していました。その後も図鑑を見ながらいろいろな星座があることを知り、「わたしはおとめざ」「へー、ぼくはおうしざやで」「7がつはなにざ？」「しらべてみよう」…と、星への興味は続いていきました。

月の満ち欠けにも興味が広がる

親子で毎晩、月を見て、満ち欠けの様子に興味を持つ子どももいました。9月の中秋の名月、お月見会の行事では、月見だんごを作り、ススキを飾って楽しみました。

園長先生のこの保育、ここが大事！

その時でないと出会わない環境と、主体的に生きる力を育む保育者の姿勢

何より大事なのは、主体性のある活動を育む雰囲気が園の中にあるかどうかです。本気を出して遊ぶ子どもたちの一瞬一瞬に、保育者はどう寄り添い付き合うかにかかっていることを、この実践は示しています。園庭にくっきり残った遊びの軌跡は子どもたちの心の中にしっかり残ったことでしょう。

10の姿で捉えると…	自然との関わり・生命尊重
	数量や図形、標識や文字などへの関心・感覚
	言葉による伝え合い　豊かな感性と表現

「子どもの『やりたい！』を実現する」とは？

子どもの『やりたい！』気持ちは、どこから芽生えるのでしょうか？
子どもの経験を振り返ると、そこには4歳児のときの5歳児への憧れや自分への期待があり、
それが行動へとつながっているのです。

ポイント 1

「やってみたい！」を全部拾おう！

子どもの声をよく聞きましょう。言葉にする子どもだけではなく、やりたくても自分からはなかなか動けない子どもにもそっときっかけをつくってみましょう。

ポイント 2

憧れから達成感へ

「やってみたい！」には、こうしてみたいという憧れの気持ちがあります。昨年度の4歳児の時の5歳児への憧れを感じた経験を、実践へと広げていきましょう。

ポイント 3

一人ひとりのチャレンジをみんなのものに

新しいことや憧れのものに挑戦してみようという意欲は、まさに、5歳児の"育ち"です。友達との関わりを通して、教え合い、励まし合う経験を大切にしましょう。

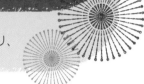

わかこ先生の場合　9月上旬〜10月上旬

子どもたちと話し合い、考え合い、積みあげた運動会

友達と、工夫したり試したりして遊ぶ中で、水の感触や性質に触れ、様々な気付きを楽しみました。また、プールでは、自分の目標をもって取り組み、友達と教え合い、励まし合いながら、もぐれるようになった、伏し浮きができた、プールの端まで泳げるようになった…など、一人ひとりがやり遂げた満足感や自信を持ちました。そして、「つぎは、うんどうかいや！」「たのしみ！」と心を弾ませています。

なるほど！
エピソード解説★

5年目
場面Ⓐでは…
運動会では、「○○をします」ではなく「何がしたい？」と問い掛けていますね。子どもたちは、5歳児に憧れて「自分たちもやりたい」と思っていたのですね。

5年目
場面Ⓑでは…
「5歳児に教えてもらったら？」の言葉は、5歳児と関わるきっかけとなりましたね。5歳児も頼られる喜びを感じていますね。かっこいいソーランの踊り方を伝える意気込みが伝わってきます。

5年目
保育者から見ると運動が得意な子とそうでない子がいると思うのですが…？

わかこ先生
運動が得意とか不得意ではなく、個々の「やってみたい」という気持ちを大切にしています。縄跳びが苦手でもボール遊びには毎日取り組んでいる姿を認めたり、一緒に運動を楽しんだりします。また、その子のペースに合わせて達成できる目標を決め、「やったぁ、できた」という喜びを味わえるようにしています。運動チャレンジ後は、今日頑張ったことをみんなの前で披露して、その子の頑張りをみんなで認めていきます。そのことが子どもの励みになるようです。

5年目
場面Ⓒでは…
竹馬の難しさをどの子も体験しているからこそ、友達も一緒に喜び合えるのでしょうね。Mちゃんの成功で、友達も勇気をもらっているのがうれしいですね。

5年目
場面Ⓓでは…
自分なりにコツをつかんで　乗れるようになったMちゃんの教え方がとても上手でびっくり!!

次のページへ続く

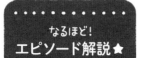

新任

場面Eでは…

4歳児のときは、5歳児のリレーに憧れて、バトンを渡すことを何度も繰り返し、リレーごっこを楽しんでいたのですね。バトンを持ったことで5歳児になった気分を感じていたのでしょうか？

5年目

場面Fでは…

私なら、最初からリレーのやり方を指導していたと思います。でも、リレーの様子を見守ることで、子どもの育ちや感性、どんなことに興味を持ち楽しんでいるのかということが見えてくるのですね。まずは、子どもに任せてみることが大事ですね。

5年目

場面Gでは…

勝ったり負けたりする経験が、勝つためにはどうすればいいかという思いに結び付きましたね。また、勝つ方法も一つではないことにも気付いていますよね。

ポイント **①** 「やってみたい！」を全部拾おう！

ポイント **②** 憧れから達成感へ

ポイント **③** 一人ひとりのチャレンジをみんなのものに

50

新任

場面Hでは…

「ホワイトボード」を活用することで、走る順番や人数が見えてきましたね。自分たちでチーム分けをするのは楽しいですね。

5年目

チームを決めるとき、走るのが速い子ばかりで集まろうとはしなかったのですか?

わかこ先生

5歳児は「競い合う」ことを楽しみたいと思っています。自分たちでメンバーを決めるのも、競い合う楽しみを味わいたいのでしょう。

 新任

場面Iでは…

チームが決まってからは、仲間の良さを知って作戦を立てていますね。「おねがい! がんばって!!」の言葉に、チームのきずなが伺えます。

5年目

友達の姿をよく見て、速く走るコツを知らせていますね。1分でも1秒でも速く走るために頑張ろうとしているのが伝わってきます。

そして運動会では、

❶ ソーラン踊りでは…

オー!

ソーラン! ソーラン!

クラス全員で掛け声、動き、気持ちを合わせて仲間と共にやり遂げた満足感を味わっていました

❷ 竹馬では…

前日になって竹馬3段に乗れるようになったY子、急きょ活動を変更して竹馬にチャレンジ

子どもたちは、一人ひとりが、できるようになった喜びや自信を持って得意技を披露し、仲間の頑張りを温かい目で見守っていました

❸ 運動会最後のプログラム"リレー"では…

あかチームがんばるぞ! オー!

子どもたちの緊張感やワクワク感も高まり、会場全体が盛り上がる中で、仲間を信じ、助け合い、力を合わせて取り組みました

子どもの興味はまだまだ続く!

披露することを目指して

運動会で頑張って取り組む姿を、友達や保護者に認められたことが自信につながり、子どもたちは、新たな目標を持って、様々な運動や技、回数などへチャレンジを続けていきました。そして、3月の保育参加("5歳児の日")の機会では、できるようになったことを保護者に披露しました。
ルールのある遊びへの興味が高まり、仲間と誘い合って遊びの場やチームを決め、ラインを引き、ルールを確認しながら、積極的に体を動かす遊び(鬼ごっこやドッジボールなど)を楽しんでいきました。

園長先生のこの保育、ここが大事!

憧れを実現し、意欲や充実感、満足感を味わい、自信を深める運動会

昨年の運動会で5歳児が大活躍する姿に憧れていた子どもたち。今度は私たちの番だと期待し楽しみにしています。運動会に何をするのか、日頃の園生活の中で取り組んでいる運動体験や経験からやりたいことがいっぱいあり、明確です。「ソーランの踊り」は昨年の5歳児からの直伝、自分たちで動きを思い出し、進んで練習。「運動チャレンジ」で興味がある運動に取り組む子どもは、次に何をすればいいかを日頃の生活の中で理解し、判断して取り組みます。保育者はできないと思っている子どもには寄り添い、コツを伝え、できるようになると「すごーい!」と認めています。好きなリレーで走ることを楽しんでいる子どもたちは、勝ったり負けたりする中で、チームの人数や走る順番、作戦、走り方やバトンの渡し方、応援など、やりたいことに向けて心も体も自己充実させて取り組んでいます。自分たちで考えて力を合わせ、運動会をやり遂げる子どもたちです。

10の姿で捉えると…	健康な心と体	協同性	言葉による伝え合い
	数量や図形、標識や文字などへの関心・感覚		

秋 四季を感じる自然遊び "あき" の遊び

日中の暑さは残りながらも、朝晩の冷え込みが次第に増す季節。
夏に大切に育てた花が種を付け出します。
植物の生長を楽しみながら、季節の変化を感じましょう。

ポイント ① 見て、数えて、比べる

花が咲き、種になるまでを間近で観察できる経験は、数える、大きさを比べる、形を知る、分類するなど、様々な学びにつながります。

ポイント ② 秋を知らせる香り

秋になり、朝の冷え込みとともに、キンモクセイが咲き出します。独特の香りに、子どもたちも大喜び。香りで感じる季節の変化です。

ポイント ③ 園庭に草の実トラップを

園庭では、様々な秋の実りにも遭遇します。じっくりと観察し、不思議に思い、新たな発見をして、たくさんのことを知っていきます。

 わかこ先生の場合

花も種も実もいっぱい！自然物でたくさん遊ぼう！

オシロイバナやアサガオなどの花が咲き終わったあとに緑色の実ができ、その色が徐々に変わっていく様子を毎日観察し、種採りができるときをじっと待っている子どもたち。昨年の経験から、実の色で収穫時期を見分けることを知っています。

52

なるほど！エピソード解説★

わかこ先生 場面Bでは…
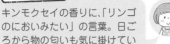
子どもたちは、来春の種まきに期待していますね。また、自分たちが楽しんだ遊びを、年少児にも楽しんでもらえるように種をプレゼントしました。

5年目 場面Aでは…
種の色の変化を見て収穫するのは、4歳児の時の経験が土台にあるからですね。一年一年の積み重ねで得る学びはとても大切だとわかりました。

場面Cでは… 新任

キンモクセイの香りに、「リンゴのにおいみたい」の言葉。日ごろから物の匂いも気に掛けていることがわかりますね。

5年目
香りと同時に、そのときの情景も思い出しますね。五感で感じ取る体験が、人生を豊かにしているんですね。

場面Dでは… 新任
友達と助け合って、ひっつきむしを取るのも良いですね。ひっつきむしの数をかぞえたり、気付いたことを伝え合ったりして楽しそうです！

5年目 場面Eでは…

不思議に思うことや疑問も、みんなで調べることでワクワク感が増します。友達とは違う発見をしようと、観察にも力が入ります。

子どもの興味はまだまだ続く！
"あき"の遊びから "ふゆ"の遊びへ

子どもたちは、草の実が服に付くことから、草の実でのダーツ遊びが盛んになりました。また、的を作って点数を競い合ったり、フェルト布に草の実で絵を描いたりして楽しみました。箱や段ボール紙で迷路ゲームやパチンコを作り、ドングリを転がして友達と歓声を上げる姿も見られました。

その後、すっかり葉を落とした保育室のサクラの枝には、木の実や小枝で作ったリースを飾り、冬の訪れを期待する気持ちへとつながっていきます。風の冷たさやひんやりとした空気を全身で感じ取りながら、霜や氷などに触れて遊び、考え、試し、不思議さを感じていました。

園長先生のこの保育、ここが大事！

折々に変化する秋の自然に親しみ、気付きや疑問などを調べる

美しく咲いた草花の種採りから、花の種類で種の形や色、大きさ、数量の違いや、模様の有無などに気付き、来年の栽培にも思いをはせています。心地よい秋風を感じようと園庭に出ると、「あっ、いいにおい！」「りんごのにおいみたい！」とキンモクセイの香りに気付き、足元のかわいい花に目を向けるなど、秋の自然は面白く興味深いことばかりです。N児のズボンに付いたひっつきむし。「どうしてかな？　不思議！」と思い、数えながら外す、トゲがあることに気付く、どこにあったかと探す、模様になるように引っ付ける、図鑑で調べるなど、探求心や物事の法則性への気付きなどが見られます。5歳児なりの考える力を育むように関わる保育者の力量は素晴らしく、また、自然との出会いは豊かな感性や好奇心を育み、思考力や表現力の基礎を形成するのに重要であると改めて思います。

10の姿で捉えると…
自然との関わり・生命尊重
数量や図形、標識や文字などへの関心・感覚
言葉による伝え合い　豊かな感性と表現

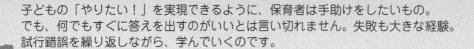

8 失敗が大きな学びに

子どもの「やりたい！」を実現できるように、保育者は手助けをしたいもの。
でも、何でもすぐに答えを出すのがいいとは言い切れません。失敗も大きな経験。
試行錯誤を繰り返しながら、学んでいくのです。

ポイント 1

「やってみたい！」「なってみたい！」が子どもを育てる！

子どもの「どうしよう？」が育ちのチャンス！　アイディアを提案しつつ、子どもたちの試行錯誤を見守りましょう。ただし、行き詰まったら少しの手助けを！

ポイント 2

「○○がほしい」「こんなことしたい」を受け止めよう

子どもの思いを受け止めて、できるだけ実現できる環境づくりをしていきましょう。

ポイント 3

「○○したことあるよ！」は学びの証拠！

リアルな3・4歳児の経験が、5歳児に生きています。

 わかこ先生の場合　10月上旬

地域の秋祭り体験からの遊びの発展

自分が興味を持った運動に挑戦したり、友達と考え、教え合い、励まし合いながら、クラスみんなで協力したりして運動会をやりとげ、達成感を味わいました。地域の秋祭りの近づきとともに、園周辺にのぼりやシデ棒が飾られ、夕方には太鼓の音が聞こえるようになると、子どもたちはワクワクして秋祭りへの期待を膨らませています。

なるほど！ エピソード解説★

わかこ先生
祭りに興味を持っている子どもの思いを受け止めて一緒に遊び始めます。その様子を見ると、他の子どもたちも関心を持つようになるので、そこから遊びを広げていきます。

新任 **場面Ａでは…**
祭りに興味のある子どもと、ない子どもがいます。どのように、クラス全体に広げていけばいいですか？

5年目 **場面Ｂでは…**
実際の屋台のように作りたいという、子どもたちの意気込みが伝わってきますね！

場面Ｃでは… 5年目
自分たちが作りたい屋台の大きさを「でっかい」「ちいさい」の言葉や、段ボールの大きさで相談しているのがおもしろいですね。

わかこ先生
秋祭りを体験したことで"でっかい屋台"へのイメージが膨らんでいきました。段ボール箱や巻芯など、必要な材料を自分たちで考え、準備して屋台作りへの期待を高めています。

新任 **場面Ｄでは…**
2本を半分に切ったら、4本になる、という計算ができていますね！

5年目
巻芯は、大人でも切るのが大変。子どもたちも大変な作業だと分かっているから、巻芯を切りやすいように押さえたり、みんなで交代して頑張ったり、声援を送って見守ったりしているのですね。

新任 **場面Ｅでは…**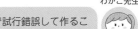
私なら、最初から手助けして、壊れない屋台を作っていたと思います。わかこ先生は、壊れることを予測し、またバラバラになった屋台を直すことを提案するだけで、その後どうするかは子どもたちに任せていますね。それはどうしてですか？

わかこ先生
自分たちで試行錯誤して作ることに、価値があると思います。「どうしたらいいか子どもたちで考える、決定したらみんなで力を合わせて取り組む」という活動は、仲間意識を高め、何よりも自分たちで作り上げたという自信につながると思います。

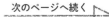

次のページへ続く

なるほど！
エピソード解説★

場面Fでは…
十分に屋台を担いで楽しむと、進んで屋根作りを始め、4本の柱の上に載る、ちょうどいい大きさの段ボールの板を自分たちで探していました。

5年目

場面Hでは…
いつもなら子どもと一緒にハッピの素材を探すのに、どうして今回は、破れないカラーポリ袋を置いたのですか？

わかこ先生

ハッピを作ることよりも、子どもたちのお祭り気分の盛り上がりを大切にしたいと考えました。その後に子どもたちは、今までの遊びの経験を通して、新聞紙よりポリ袋の方が丈夫だと考えたようです。

新任

場面Gでは…
わかこ先生が子どもたちと遊びながら、いろいろなアイディアを出していますね。

わかこ先生

子どもたちと一緒に考えていくことが大事だと思います。そして、子どもたちの思いをできるだけ実現させてあげたいと思っています。

わかこ先生

場面Iでは…
身の回りにあるものからイメージを膨らませ、友達と一緒に考え、工夫して、いろいろなお店屋さんが開店していきました。クラス全体でのお祭りごっこに発展し始めました。

わかこ先生

ポイント **1**
「やってみたい！」「なってみたい！」が子どもを育てる！

ポイント **2**
「〇〇がほしい」「こんなことしたい」を受け止めよう

ポイント **3**
「〇〇したことあるよ！」は学びの証拠！

前のページより続き→

5年目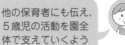
7月のジュース作りや8月の天の川のときもそうですが、自分たちが楽しいと思った遊びを小さい友達にも伝えようとしていますね。素晴らしいと思いますが、なぜこのようにするのでしょうか？

5年目
チケットを作ったのに、葉っぱをお金にするなんて、臨機応変に遊びに対応しているのがすごいですね。

わかこ先生
自分たちが計画したお祭りごっこを、2、3、4歳児がとても喜んでくれたことで、楽しかった！という思いを強く持ち、達成感を味わうことができたようです。

わかこ先生
今まで、この子どもたちは、3、4歳児のときに、楽しい遊びをしている5歳児の様子を保育者と一緒に見に行ったり、仲間に入れてもらったりしてきました。だから、しぜんに、小さな友達と一緒に楽しみたい、と考えたのでしょうね。

わかこ先生
他の保育者にも伝え、5歳児の活動を園全体で支えていくようにしています。

子どもの興味はまだまだ続く！

お祭りごっこ後も話し合いが続く

お祭りごっこの後、「あーたのしかった！」の声から始まり、みんなが屋台を担いでくれたことがうれしかったことや、次は、他のお店屋さんをやりたいという声も聞こえました。もっと違う素材で作ってみたらいいという提案も出て、まだまだ遊びが続いていきました。

関心は、秋祭りから自分が住む地域へ

地域の秋祭りの体験を通してシデ棒の色や、のぼりの文字、紋の形などの違いから、いろいろな地域があることを知り、自分が住んでいる地域に関心を持つようになりました。
室内に掲示している地域のマップを見ながら、自分や友達の家の場所を探したり、小学校や公園など、知っている所を見つけたりして、友達と伝え合っていました。
散歩に出掛けると、身の回りの記号やマークなどに興味を持って探したり、帰園してから"おさんぽマップ"を描いたりして楽しんでいました。

園長先生のこの保育、ここが大事！

地域の行事が子どもの心を揺さぶり、子どもたちが夢中になって遊ぶ

地域の祭りのワクワク感は、子どもの心の中にしっかり根付いています。だからこそ、そのときが来ると子どもの心はムズムズと動き出し、周りの友達を誘い込み、自分たちで遊びを展開していきます。必要な材料や用具を準備、役割分担し、イメージを明確にしながら屋台を作っています。お店もでき、子どもたちが計画した"お祭りごっこ"へと発展しています。子どもたちは、遊びながらお祭りに必要なものを考え、壊れたことから学び、自分のやりたいことを考え、取り組み、2、3歳児にやさしく接しています。保育者は興味や話題のきっかけになるよう、必要に応じて関わっています。子どもの主体性を育む保育者のその関わりから見られる、頼もしい5歳児の姿です。活動後の話し合いでの「あー、たのしかった！」の一言に、子どもの育ちの確かさが見取れます。

10の姿で捉えると… ｜ 数量や図形、標識や文字などへの関心・感覚 ｜ 自立心 ｜ 社会生活との関わり

作品展に向けて、特に共同製作をどのような活動にしていくのか悩みます。
一人ひとりの「やりたい！」に応えると、方向性がブレそうで…。
子どもの意欲を大切にしながら、共同製作活動を進めるポイントを紹介します。

ポイント

1

実体験を
見える化！

子どもの実体験を生かすことが最適！ 関係するチラシやパンフレット、写真などを用意して興味を深めましょう。

ポイント

2

「こうしたい！」を
考える時間を
つくろう！

子ども自身がどうしたいか考えるには、少し時間が必要なことも。友達の意見を耳にしたり、他の物を見て考えたり。すぐに答えをまとめず、見守りが大切です。

ポイント

3

イメージを
共有できる
ツールを使おう！

一人ひとりのイメージを共有するには、話したことを絵にしたり、設計図を描いたりして、視覚的に見えるようにするとわかりやすいです。

 わかこ先生の場合　11月

作品展に向けて、
グループで協同活動

散歩や遠足に出掛けたり、サツマイモやラッカセイを収穫したりなど、豊かな秋の自然体験をする中で、子どもたちは、空や雲、木の実、木の葉、草花、虫などを見て、触れて、感じて様々な発見を楽しみました。そして、その感動体験を友達と伝え合ったり、絵に描いたりしています。

なるほど！ エピソード解説★

新任

場面Ａでは…
自分たちが4歳児のときの作品や昨年の5歳児の作品についてよく覚えていますね。子どもって、年上の子どもがしていることを本当によく見ていますね。

場面Ｂでは… 5年目
遠足後に印象に残ったことを、絵に描いたり、ブロックや素材を使って遊んだりしたことが楽しくて、もっといろいろな物を作りたいと思っているようですね。

わかこ先生

場面Ｃでは…
今までに遠足で出掛けた姫路城や動物園、水族館のパンフレット、それらに関する絵本や図鑑などを身近に置き、いつでも見られるようにしておきます。

わかこ先生

場面Ｄでは…
話し合いを通して、作りたい物や材料などについて、具体的に考え始め、グループ製作への期待を高めています。

場面Ｅでは… 5年目
前日の、「作品展で何を作りたいか自分たちで考えておくように」という投げ掛けで、翌日はみんなやる気満々で登園してきましたね。

わかこ先生

子ども一人ひとりの思いがどんどん膨らんでいくので、まず、自分がどんな物を作りたいかを考える時間を持つことにしました。

新任

場面Ｆでは…
"せっけいず"という言葉を知っているんですね！

わかこ先生

物を作ろうとしているときは、絵ではなく、設計図という言葉を使っていますね。

場面Ｇでは… 5年目
すぐに製作に取り掛かるのではなく、どうして設計図を描いたのですか？

わかこ先生

夏祭りごっこでの店屋作りや屋台作りなど、今までの経験を生かして進んで設計図やマップを描いていきました。グループの仲間と、それぞれの思いや考えを出し合いながら描くことで、自分が作る物や材料などへのイメージがより具体的になり、製作への意欲が高まっています。

次のページへ続く

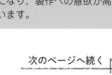

なるほど！
エピソード解説★

5年目

場面 H では…
友達の良いところを認める力が育っているのかなぁ？ 保育者の共感性が大切ですね。

場面 I では…

新任

子どもたちの中で、しぜんに役割分担ができているんですね。

ポイント **1** 実体験を見える化！

ポイント **2** 「こうしたい！」を考える時間をつくろう！

ポイント **3** イメージを共有できるツールを使おう！

前のページより続き ▼

〈保育の展開ウェブ〉

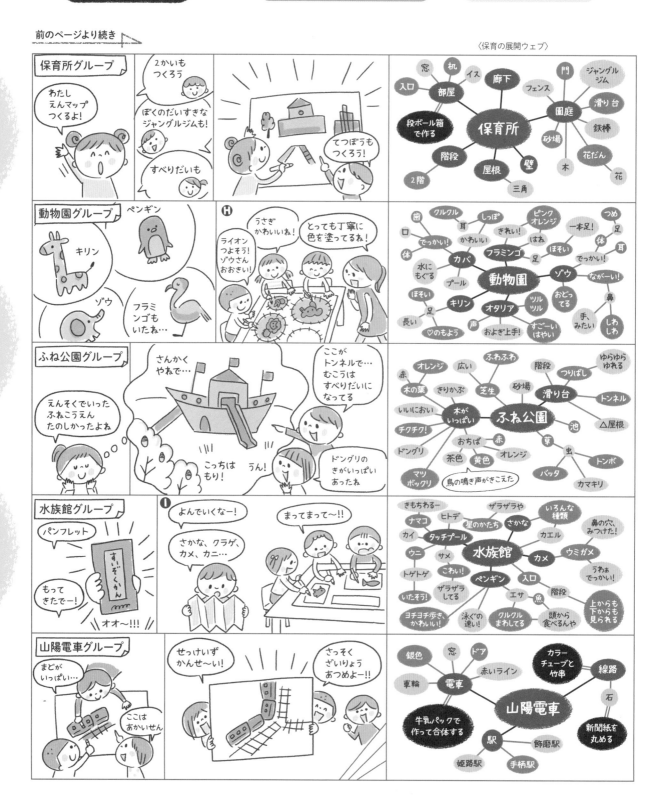

場面**J**では… 新任　わかこ先生

友達の作っている様子を
よく見ているので、友達
が困っているとすぐに助
けたり、自分でできるこ
とをしたりしていますね。

場面**K**では…

線路の上に電車を走らせようと、みん
なで試行錯誤していく中で、T男が車
体を連結している"あそび"の部分があ
ることに気付きましたね。T男の気付
きを認めて、みんなで協力して電車を
作り直していきました。

 子どもの興味はまだまだ続く！

作品展から製作への
興味が広がり…

　作品展の当日、家族や年下の子どもたちに、自
信を持って自分や友達の作品の説明をする姿が見
られました。
　作品展後も、グループの友達と、誘い合って自
分たちが作った保育所やふね公園、山陽電車で遊
んでいました。動物や魚、やぐらなど、足りない
ものを次々と作り足し、活動は続いていきました。
　作品展を通して、子どもたちの描いたり作った
りすることへの興味や関心はさらに高まっていき
ました。そして秋の自然物を使ったおうち作りや
クリスマスの飾り作り、クリスマスのイメージの
絵を描いたり、季節ごとの絵を描いたカレンダー
を作ったりするなどに、つながっていきました。

 園長先生の
この保育、ここが大事！

みんなで力を合わせて
わたしたちのまちを作ろう

　11月の行事の1か月前。保育室には子どもた
ちの体験や経験の足跡が掲示されています。保育
者は子どもたちとカレンダーを見ながら作品展に
ついて話し合います。作品展をイメージできる子
どもたちは、自分の意見を言ったり友達の考えに
賛成したり、保育者は子どもたちの案にないとこ
ろを発案するなどして、それぞれがイメージを共
有し、自分のやりたい活動のグループに分かれて
活動しています。作品展実現に向けて、自分のや
りたい活動のグループごとに相談し、作りたいも
のを共有できるよう具体的に絵や文字、設計図、
マップに表しました。作ったり描いたりする中で、
子どもたちは観察力や思考力を高め、工夫し、じ
っくり取り組み、作品展を実現させていきます。
自分たちの活動の経験を活かし、協同してまち作
りをしたことは、自分の住む"まちの原風景"を心
の中に蓄えたことでしょう。

10の姿で捉えると…	協同性　社会生活との関わり　思考力の芽生え
	数量や図形、標識や文字などへの関心・感覚

四季を感じる自然遊び "ふゆ"の遊び

冬に入り寒さが増すと、保育室に籠もりがちかと思えば、冬の寒さもなんのその。
子どもたちは元気に園庭に出ていき、冬ならではの遊びを見つけて楽しみます。
保育者も寒さに負けず、一緒に楽しみましょう。

ポイント 1
天気予報見た？寒いとうれしい？

子どもたちは今までの経験から、気温の変化で水→氷→水になることを知っています。その変化を楽しめるのは冬の寒い日ならではです。見逃さないでおきましょう。

ポイント 2
ここにあるはず

氷はどこに張るのか、雨粒はどこで見られるのか、子どもたちは今までの体験から予想をし、発見し、さらに経験を積んでいきます。

ポイント 3
全身で感じよう！

一年を通して四季の変化を全身で楽しみましょう。気温の変化や、太陽の日差しや風の気持ちよさなど、自然の中で、触れて感じて、冷、温、寒、暑を知っていくのです。

 わかこ先生の場合

冬の朝、氷探しに出掛けよう！

段々と冷え込む冬の寒さの中でも、元気に走り回る子どもたち。一段と冷えた朝、園までの道で発見した氷に子どもたちは大興奮！ 昨年の経験もあって、氷探しの始まりです！

なるほど！ エピソード解説★

わかこ先生

場面Aでは…
よく冷えた寒い朝。子どもたちが登園する前に、園庭に霜や氷ができているか確認しておきます。

場面Bでは…

子どもたちは氷が大好きですよね。誰かが氷を見つけるとみんなが氷探しを始めます。何が魅力的なのかなぁ？

わかこ先生
子どもたちにとって、氷は不思議な存在。なぜ氷ができるのか？ どうして冷たいのか？ なぜ解けるのか？ 様々な驚きや疑問を与えてくれるからかもしれませんね。この時季しかできない貴重な体験を逃さず楽しみましょう。

わかこ先生　場面Cでは…
氷で遊んだ体験から、今度は自分たちで氷作りをしたいと言うかもしれません。子どもたちが試してみたいことが実現できるよう、子どもたちと一緒に素材を準備したり工夫したりして氷作りを進めましょう。

場面Dでは…　新任

ハボタンに氷の粒ができるのを初めて知りました。私も子どもと探してみたいです。

子どもの興味はまだまだ続く！

"ふゆ"の遊びから "はる"の遊びへ

　氷探しから氷作りが盛り上がり、氷ができやすい場所探しや、セロファン紙や毛糸を混ぜても氷は固まるかなど課題を持って取り組む姿が見られました。雪が降り始めると、黒めの段ボールで雪を受け止め「けっしょうみえた」「どこどこ」と虫メガネで見たり、霜柱の結晶を虫メガネで観察して「だんだんに、こおりがかさなっとう」「こおりがつちをもちあげてる」と発見を喜んだりしていました。また、雪の結晶の観察から、折り紙で雪の結晶作りが盛んになりました。絵本や図鑑で見た様々な結晶の形に興味を持ち、折り方や切り方を友達と教え合って作る姿が見られました。出来上がった雪の結晶は、保育室のサクラの木の周りに飾って楽しんでいました。そして、春探しを始めた子どもたちは、草木の新芽やつぼみの膨らみに期待し、年下の子どもにやさしく関わり、自分の成長を実感しています。

園長先生の この保育、ここが大事！

好奇心や探求心から「やりたい活動」に取り組み、思考し、言葉で表現

　空気が冷え込む朝、子どもたちの会話は登園途中で見つけた氷や車の窓が凍っていた、氷点下の気温など「氷探し」への期待感でいっぱい。園庭に飛び出し見つけた氷は大きさ、厚さ、形が違い、葉っぱや小石が入っていて、太陽の光で透けてキラリと光り美しい。指で持っているところに穴が・・・。不思議を実感する子どもたちや、友達との伝え合いを期待する保育者。ハボタンには小さな宝石のような氷。北風の震える寒さ、日向と日陰の違い、息の温かさ、冬の自然を体全体で受け止め表現する子どもたち。好奇心や探求心から試行錯誤し思いを巡らせて活動して、自ら学ぶことの大切さを思います。やりたい活動に充実感をもって取り組む子どもの姿を期待し、環境の中にいろいろな氷ができることを願い容器類を忍ばせておく、こうしたことが何より大切でしょう。

10の姿で捉えると…	健康な心と体　自然との関わり・生命尊重　数量や図形、標識や文字などへの関心・感覚　言葉による伝え合い　豊かな感性と表現

10 いつもの行事、子どもの声から始めよう

行事となると、形式通りにできなくて焦ってしまうということもあるでしょう。
形式が大事なのではなく、子ども自身がイメージしたものを作っていくことが大切です。
保育者は、子どもが環境に関わりながら主体的に活動に取り組めるように、環境を再構成していきましょう。

ポイント 1
「何から始めよう?」 計画を一緒に 立てよう!

保育者主導ではなく、子どもに投げ掛けることで、子ども自身が見通しをもって活動に取り組む意識をもてるでしょう。

ポイント 2
タイミングよく、 新しい手法、 アイテムを!

始めから教えるのではなく、様子を見てアイディアを提案します。タイミングのよいさりげない提案に、子どもも「あ! そうか!」と新たな気付きにつながります。

ポイント 3
様々な素材を 集めておこう!

子どもたちがイメージしたものをすぐに形にできるように、様々な素材を集めて素材コーナーに置いておきましょう。

 あかこ先生の 場合　　12月

仲間と語り合い、歌い、描き… クリスマスを楽しもう

作品展で、友達や保護者に作品を観てもらい認めてもらった喜びから、絵を描いたり作ったりする活動がさらに活発になってきています。12月が近づき、まちにツリーやリースが飾られ、イルミネーションが輝き、クリスマスソングが流れるようになると、子どもたちの気分はうきうき! さっそくクリスマスやサンタクロースについて話し始めました。

なるほど！ エピソード解説★

わかこ先生 **場面Aでは…**

11月の終わりに、12月の予定について子どもたちと話し合い、カレンダーに行事を書き込んでいきました。そして、クリスマスへの興味が高まることを予想して、環境を整えていきます。

環境構成
●ツリーやリースなどのクリスマス飾り ●クリスマスソングのCDや歌詞カード ●クリスマスに関する絵本 など

場面Bでは… 新任

子どもたちのワクワク感が伝わってきますね。カレンダーに行事を書き込むときに気を付けることはありますか？

わかこ先生

「〇日には避難訓練があって、△日にはクリスマス会だよ」と話をしながら行事を書き込んでいきます。「今日は□日だから、何から始めたらいいかなぁ」、「急ぐものはあるかなぁ」と子どもたちに投げ掛けて、一緒に活動や手順を考えていくようにしています。

場面Cでは… 5年目

本を見て、作り方を理解したり、自分でやってみたりする力がすごいですね。どのような本を用意されたのですか？

わかこ先生

クリスマス飾り作りのヒントになるような本を身近に置いておきました。

環境構成
●『まるごとクリスマススペシャル』（かもがわ出版）
●『クリスマス・正月の工作図鑑』（いかだ社）

場面Dでは… 5年目

クリスマスへの思いがドンドン膨らんでとても楽しそうですね！自分たちのすることは、サンタが喜んでくれるのかもしれないと思ったのですね。やさしいですね。

5年目

みんなの、「サンタの存在を信じている」という思いがとても素敵ですね。5歳になると中には「サンタなんていない」と思う子もいます。

わかこ先生

サンタを信じている人のところに、サンタは来てくれるという思いがあるのかもしれませんね。

場面Eでは… 新任

私の保育は、作品を作るためのクリスマスになっています。子どもたちがこんなに盛り上がって楽しんでいるのは、4月からの取り組み方が違うからでしょうか？

わかこ先生

本当に！ 私もそう思っています。4月から、子どもたちのやりたいことを認めて、それを保育に取り入れてきたことで、このような姿に育つのだと思いました。子どもたちが意欲的に取り組んでいるのがよくわかります。

わかこ先生 **場面Fでは…**

子どもたちの様子に応じて環境を再構成することが大切です。

環境構成
●夜のイメージの絵を描いていたので、黒っぽい色画用紙、パス類、キラキラペンなども用意。●画用紙片は、扱いやすい大きさに切り、大きさや色別に分類しておく。●金銀紙、ホイルカラー、カラーセロハン、ビーズ、スパンコール、ラメ入りの毛糸やモール、綿、レースペーパー、自然物、紙粘土、小さな空き容器 など

次のページへ続く

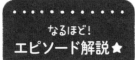

なるほど！
エピソード解説★

5年目

場面**G**では…

わかこ先生に窓を開ける方法を教えてもらい、子どもたちにとっては「おどろき」だったのではないでしょうか。最初から「こんな方法もあるよ」と教えないで、子どもたちの様子をよく見て、さりげなく次の段階に進めるようにアイディアを提供されていますね。

新任

場面**H**では…

5歳児になると、体の部位が理解できるだけでなく、手や足の動きなども表現しようとするのですね。両手を体の前に持ってくる方法をよく考えましたね！

わかこ先生

Yちゃんは、自分の体を動かして、腕の位置や形をイメージしながら紙人形の手の動きも表現していました。

ポイント**1**
「何から始めよう？」計画を一緒に立てよう！

ポイント**2**
タイミングよく、新しい手法、アイテムを！

ポイント**3**
様々な素材を集めておこう！

前のページより続き

新任

場面❶では…
友達もＹちゃんの作品に刺激を受けて、それぞれに考えた動きのあるサンタクロースを作っていますね。

 5年目

場面❶では…
子どもたちもこんなにたくさんの素材を見て、さらにイメージが湧いてくるのでしょうね。

 5年目

歌をうたったり絵本を見たり、友達と語り合ったりしていたから、いろいろなアイディアが浮かんでくるのだと思います。

 わかこ先生

マツボックリは秋に拾ったもの、空き容器は子どものおやつに出たカップを取っておいたもの。少しずつためて、いつでも遊べるように室内に置いているのです。

 子どもの興味はまだまだ続く！

クリスマス会の会場作りへ

クリスマス会の会場は、子どもたちが描いた"夜のまち"の絵や、作ったサンタクロースやトナカイの作品を組み合わせて、クリスマスの夜のまちの様子を表現しました。
　保育者が黒い色画用紙全紙大を6枚つなぎ合わせて用意すると、子どもたちは、家やサンタクロースなどの配置を考えながら構成していきます。そして、「もっと、ゆきをいっぱいふらそう」と、白い絵の具とタンポ筆でフワフワの雪を描き、白コンテで雪の結晶の形も描いていきます。
　それぞれが、クリスマスへの思いを込めながら、クラスみんなで協力して作り上げて、会場に飾りました。

クリスマス会の後も家でのお楽しみへ

異年齢児と一緒にクリスマス会を楽しんだ後は、「あした、おうちでもクリスマスかいするんや」「わたしがつくったサンタさんもおうちにかざろう！」と、サンタクロースにもらったプレゼントとともに、自分が作った飾りも大切に持ってうれしそうに降所していきました。

園長先生のこの保育、ここが大事！

力を合わせ、実現させたクリスマス会

12月の保育室は、楽しみで胸が膨らむ環境構成です。"みつけたよ"コーナーには手紙が、いつでも歌えるようにCDが、描く・作るコーナーには思い思いの願いが表現できる素材や用具類が環境の中に整えられています。子どもは12月の楽しい行事を知っています。保育者は子どもたちと話し合いながら12月の活動計画を手作りカレンダーに書き込みます。子どもはカレンダーを見ながら自発的に、それぞれの思いで活動していきます。
　"集まり"ではそれぞれが作ったり描いたりした作品の発表。ある日の"集まり"では、できたところまで発表しながら、さらに、これからの自分のやりたいことを伝えます。保育者は"集まり"で見られた子どもの願いが実現できるよう環境を再構成します。5歳児は、楽しい会を年少児たちとも共有するにはどうすればいいか試行錯誤しながら考えたり、工夫したりして、粘り強く活動しています。
　保育者は、子どもが自己充実しながら楽しい会にしたいと全力投球し、粘り強く取り組む姿に応えます。子ども自身が見通しを持ち、自立性を発揮し、活動することが重要なのです。

10の姿で捉えると… 社会生活との関わり　豊かな感性と表現
数量や図形、標識や文字などへの関心・感覚

発表会は一年の集大成と位置付けることも多いでしょう。今までの経験から、子どもたちはたくさんの力をもっています。子どものしたいことに耳を傾け、子どものイメージを大切にして、子ども自身が発信できる発表会になるといいですね。

ポイント 1

クラスの子どもたちに合った物語を！

物語を取り上げる場合は、保育者自身が物語の理解を深め、クラスの子どもに合っているか、保育者として伝えたい願いは何か、などを考えて取り上げましょう。

ポイント 2

子どもたちの話し合いを大切に！

子どもたちからの提案では、意見が異なることも多々あります。納得いくまで話し合いをするといいでしょう。表現する意欲をより高めます。

ポイント 3

子どもの自由な表現、感性を受け止めよう！

子どもの表現は保育者の予想を超えることもあります。子どもの感性を受け止め、保育者自身も劇を楽しみましょう。

わかこ先生の場合

12月〜2月

物語をもとに、仲間と様々な表現活動を楽しもう

12月に入ってから、毎日少しずつ読み聞かせている『ながいながいペンギンの話』（いぬいとみこ／作　山田三郎／絵　理論社／刊）が子どもたちは大好きで、読み聞かせを始めるとすぐに物語の世界に引き込まれていきました。厳しい南極の自然の中で一生懸命に生きていく、小さなかわいいペンギンの兄弟、ルルとキキの姿に思いを寄せて、ハラハラ・ドキドキしながら物語の続きを楽しみに聞いています。

なるほど！ エピソード解説★

 新任
場面Aでは…
物語の読み聞かせは難しいと思うのですが、どんなことに気を付ければいいですか？

わかこ先生
保育者自身が事前に物語を十分に読み込むことが大切！ そして物語を理解し、その世界にイメージを膨らませながら読んでいきます。聴いている子どもの表情や反応も見逃さないように心掛けます。

 5年目
場面Bでは…
A子ちゃんの絵を見て、友達も絵を描き始めましたね。A子ちゃんと同じように「描いてみたい」という意欲は大事にしたいですね。

 わかこ先生
場面Cでは…
描いた絵は、丁寧に話を聞き、いつでも見たり、描き足したりできるよう、個別にクリップで止めて掲示します。

 5年目
場面Dでは…
物語をよく理解しているので驚きました。絵を描くことで登場人物の思いや情景などをより感じているのかなあ。

 5年目
場面Eでは…
描きためた絵が「自分の絵本」になるのはうれしいですよね！ このことで、子どもたちのやる気は増していきましたね。

 5年目
場面Fでは…
劇遊びのテーマや場面の構成などは、担任主導でしていました。子どもの興味や、意欲から始まる劇遊びのやり方に驚いています。

 5年目
場面Gでは…
どうしても劇らしくしたい、という保育者の思いが強く出てしまいます。また、子どもたちは友達のまねをして、みんな同じ動作になってしまうことも…。「子どもたちで創意工夫して楽しむ」という意識を持てるようにするには、どうしたらいいですか？

 わかこ先生
大事にしたいのは、子どもたちと話し合って遊びを進めていくこと。そして、思い思いの表現を大切にし、自分なりに考え、工夫する過程を大いに認めていくことです。一人ひとりが充実して遊ぶ姿は、互いの良さを認め合う仲間関係につながります。納得がいくまで話し合ったり、表現する意欲を高め合ったりすることが、「自分たちで作り上げた」という思いにつながるのではないかと思います。

次のページへ続く

なるほど！
エピソード解説★

わかこ先生

場面Hでは…
その都度、みんなで話し合う場を持ち、トウゾクカモメやルルの気持ち、物語の情景などについて子どもたちと考えていきました。

わかこ先生

できるだけ受け入れたいと思っています。保育者の思いも出しながら子どもたちと話し合って、一緒に考えていきます。5歳児は、互いに考えを言い合いながら相手の良さを認め合い、自分たちでまとめていく力を持っていますよ。

場面Iでは…
わかこ先生は、子どもたちの提案をすべて受け入れるのですか？

新任

ポイント ① クラスの子どもたちに合った物語を！

ポイント ② 子どもたちの話し合いを大切に！

ポイント ③ 子どもの自由な表現、感性を受け止めよう！

5年目 **場面Jでは…**
子どもたちが何を表現しているのかを、瞬時に、丁寧に捉えて援助されていますね。わかこ先生自身が、劇を楽しんでいるからこそ、それができるのでしょうね。

5年目 **場面Kでは…**
わかこ先生の援助で、Yちゃんは氷の解ける音を見つけられましたね。自分に心の余裕がないと、子どもの感性を信じたり寄り添ったりできない、と反省しています。

場面Lでは… 新任
子どもたちは、メロディーに満足するだけでなく、より物語の世界に近づけるように表現しようと考えたんですね!

次のページへ続く

71

前のページより続き

ポイント❶ クラスの子どもたちに合った物語を!

ポイント❷ 子どもたちの話し合いを大切に!

ポイント❸ 子どもの自由な表現、感性を受け止めよう!

場面❸で子どもたちが描いた絵

子どもたちが作った『ながいながいペンギンの話』の絵本

表紙

1)ペンギンのおとうさんとおかあさんが、卵をあたためていると、コツコツ…

2)ルルがうまれました。もうひとつの卵はなかなかうまれません。

3)ひとりで家を飛び出したルルは、トウゾクカモメにおそわれました。

4) 大変！ ルルがいなくなった。
みんなでさがそう！

5) 人間の船を見つけて、
みんなでルルをとりもどしに行きました。

6) ルルとキキが乗っていた
氷が流されてしまいました。
そこにクジラのガイがやってきました。

7) ガイの背中に乗っていると、
シャチがおそってきて、ルルは、
ガイとキキを助けるために海の中へ…

8) ルルをおいかけていたシャチは、
いきおいあまって氷の上に乗りあげてしまいました。

9) そこは、コウテイペンギンの島、
えっぺい式がはじまりました。

子どもたちの、
物語への思いが
あふれていました。

10)
王さまにさからったルルは、
ろうやに入れられて
しまいました。

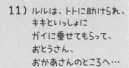

11) ルルは、トトに助けられ、
キキといっしょに
ガイに乗せてもらって、
おとうさん、
おかあさんのところへ…

12) オキアミの波をこえて…

13) ガイのおかあさんも見つかり、
いっしょに…

子どもの興味はまだまだ続く！

マイ絵本を作り、自分の言葉で語ったり、ペープサートにして劇場ごっこへ

生活発表会後に、描きためた絵を冊子にして、"マイ絵本"が出来上がり、参観日には、自分が作った絵本を保護者に見せながら、自分の言葉で『ながいながいペンギンの話』を語りました。
"マイ絵本"を年下の子どもたちに読んであげたり、『ながいながいペンギンの話』のペープサートを作って、保護者や年下の子どもたちを招待して劇場ごっこをしたりして楽しみました。

園長先生の この保育、ここが大事！

物語の世界の動物や登場人物を演じて遊ぶ

保育者の読み聞かせで物語に親しんだ子どもたち。A子がペンギンを描いたことから、絵本作りが広がっていきます。劇遊びに入る前に絵本作りが始まっていることから、物語の情景や登場人物の姿に感動したり共感したりしたことで、子どもたちの心の中には具体的なイメージが豊かに蓄積されていることが読み取れます。保育者は子どもたちが描いた絵を見ながら、登場人物について話し合い、演じて遊ぶことを提案しています。必要に応じてそれぞれの登場人物の気持ちやその場の情景など考え合っています。保育者が音積み木や鉄琴を環境の中に置くと、子どもたちから場面の情景に合った"音づくり"が始まります。情景に合わせて小道具を考えたり、音に合わせて小道具を動かしたりしていきます。そして季節の変化や自然事象を表したり、なり切って表現したりなど、子どもたち自身が持っているみずみずしい感性を生かしています。物語から感じた心の動きを子どもらしく描いたり、自分の声や体の動き、小道具、音づくりなどを生かしたりして表現する喜びを味わい、劇遊びを楽しんでいます。

10の姿で捉えると… 健康な心と体　自立心　協同性
道徳性・規範意識の芽生え　思考力の芽生え

12 子どもの思いはあふれ、卒園へ

園生活も残りわずか。子どもたちは残りの日々を精一杯楽しみます。
今まで関わった方々への「ありがとう」の気持ちを伝える機会をつくれればいいですね。
保育者としても子どもの心の成長を支えられるよう、子どもの姿をしっかりと捉えましょう。

ポイント 1
楽しかったことを やりつくそう！

小学校への期待をもちながら、園での生活を存分に楽しめるように、子どものやりたいことを実現できる環境を整えましょう。

ポイント 2
経験と自信が 4歳児への 関わりに

今までの経験により培われた自信が、4歳児を励まし、わかりやすくリードする姿に表れています。その姿を見逃さないでおきましょう。

ポイント 3
"誰かのために" と感謝の気持ちの 育ち

今までのいろいろな人とのつながりから、感謝の気持ちが芽生えています。「ありがとう」を自主的に伝える子どもの活動を支えましょう。

わかこ先生の場合

3月

遊びや思いを仲間と伝え合い、 つないでいこう

小学校の体験入学で、一年生の国語の授業を参観したり、一緒にジャンケン陣取りゲームで遊んだりしたことや、家庭でランドセルを買ってもらったことなどを友達とうれしそうに伝え合い、小学校生活への期待を高めています。
同時に、カレンダーを見ながら修了までの日数を指折り数えて、今まで過ごしてきた園や友達と、もうすぐ別れるさみしさも感じています。

次のページへ続く

なるほど！
エピソード解説★

場面Aでは… 5年目

3月は気ぜわしくて、子どもたちのやりたいことを見逃しがちになります。どのように過ごしたらいか悩みます。5歳児は3月をどう感じているのでしょうか？

わかこ先生

小学校への期待を胸に、園で過ごした日々を思い出し、今、園でできることや友達との遊びをいっぱい楽しもうとしていますよ。

場面Bでは… 5年目

4月から5歳児になるという4歳児のうれしさが伝わってきますね。そんな4歳児に、5歳児がやさしく励ましているのがステキです。

場面Cでは… 5年目

4歳児に、わかりやすい言葉でリードしたり、やって見せたりして、「相手に教える力」が育っているのですね。自信がついてきたんでしょうね。

場面Dでは… 5年目

子どもたちは、掃除を楽しいと思ってやっていますね。日頃、子どもたちとのどのように片付けをされているのですか？

わかこ先生

子どもたちは掃除ではなく、誰かのために大人と同じように仕事をしていると考えて、楽しんでいるのだと思います。日々の片付けは、十分に遊んで満足したら、進んでしていますよ。

場面Eでは… 5年目

毎月、その月の予定を話し合ってカレンダーに書き込んできた子どもたちにとって、カレンダーは自分を動かし、仲間と思いを一つにする素晴らしい「もの」であると感じているのでしょうかね。

なるほど！
エピソード解説★

わかこ先生

場面Fでは
A男のこの思いにはエピソードがあるのです。A男が、給食のキュウリコンブが大好きだと家庭で話すと、母親はさっそく作ってみました。でも、A男に「なんかちがう、きゅうしょくのほうがおいしい！」と言われて、調理師にレシピを尋ねました。「あっ、キュウリはゆでておくのね。私は生のままで作っていたので、食感が違ったんだ！」と気付いた母親は再チャレンジ！すると「うん、これこれ！」「きゅうしょくとおんなじでおいしい！」と、A男。家庭ではあまり野菜を食べなかったA男が、うれしそうにモリモリと食べる姿に、家族みんなで喜んだのでした。

わかこ先生
そして、時間の流れがよく理解できていますね。昔、今、将来の自分について話ができていますよね。給食の先生に感謝の気持ちを伝えたいのですね。

わかこ先生
場面Gでは…
子どもたちが自分たちで計画を立て、仲間と協力して積極的に活動を進める様子を見守りました。

新任
自分がいろんな人とのつながりの中で生活をしているということがわかっているのですね。これからも人間関係を広げていってほしいですね。

5年目
場面Hでは…
子どもたちの一つひとつの言葉や態度から、これまでの園生活の一日一日のありようが、子どもたちの人間性を育てていることを考えさせられます。

ポイント1 楽しかったことをやりつくそう！

ポイント2 経験と自信が4歳児への関わりに

ポイント3 "誰かのために"と感謝の気持ちの育ち

子どもの興味はまだまだ続く！
**仲間と共に楽しみ、
新生活への期待へ**

その後も、仲間とともに、寸暇を惜しみながら、積極的に園生活を楽しんでいきました。
日差しの暖かさ、サクラやチューリップのつぼみの膨らみなど、自然の変化を感じ、友達と伝え合いながら、成長の喜びを共有するとともに、4月からの新しい生活への期待を高めていました。

園長先生の
この保育、ここが大事！

**粘り強く取り組み、
身近な人々に感謝、進学への期待**

最後までやりたいことに粘り強く取り組む5歳児。4歳児に竹馬乗りのワザを伝授。「ドッジをやろう」とコートのラインを足で引く。「よして」と2・3歳児の参加に、全員で楽しめるルールを考え、一緒に遊ぶことがうれしい5歳児。マイカレンダーを作り活用したことから、それぞれへのお礼は、感謝を込めた手作りカレンダー。思いや言葉を添えて届けます。保育室の整理や掃除も、すべきことがわかっていると動きます。新年度からは小学校生活を心から楽しんでほしいものです。

10の姿で捉えると… 健康な心と体 ｜ 自立心 ｜ 道徳性・規範意識の芽生え ｜ 社会生活との関わり

第3章

育ってほしい姿と子どもの育ち、その先へ

～保育所保育指針・幼稚園教育要領・
　幼保連携型認定こども園教育・保育要領も踏まえて～

2章までで、5歳児の一年間を追ってきました。

子どもの主体性を支える保育者の関わりを

ご覧いただけたでしょうか。

園での子どもの成長は卒園後もつながっていきます。

この章では、そのことについても説明を加えていきます。

1. 5歳児の育ち

5歳児は、昨年度の5歳児の活動を傍らで見る・手伝うなどの経験から、新年度になると園の中の最年長クラスになったといううれしい気持ちにあふれています。遊びの経験を積み重ねてきた5歳児たちは、主体性を発揮できる環境の中で、友達と相談しながら自分たちの活動に取り組んでいきます。

❶自分の意見をはっきりと相手に伝える。

❷友達の良い所を認める。

❸活動に必要な素材を見つけ用意する。道具の出し入れを自分たちで責任を持ってする。

❹新しいものを考え出し工夫して創り上げる。

❺うまくいかないときは、その原因を考え、納得いくまで取り組む。

❻異年齢児を遊びに誘いともに遊ぶ。

❼友達と言葉のやり取りをしたり、音の響き合いをリズムよく楽しんだりする。

今まで年長児に憧れてきたことが、今、ようやくできるようになったと、自ら主体的に活動し始めます。

園内外の自然環境も十分理解できるようになっています。春夏秋冬に咲く草花や虫たちのこと、水やりの仕方やどこに大好きなダンゴムシやカエルがいるのかも、よく知っています。よく動く小動物の面白さに子どもたちは「どうしてだろう？」「不思議だなぁ！」「もっと知りたい！」「知ったことは話したい」「伝えたい」と心を揺さぶられていく。自己充実して遊び、主体性を発揮する能動的な遊び体験を積み重ねることができた子どもたちの姿は、今度は年少の子どもたちにとっての

憧れの存在となっていきます。

　5歳児は、年長児として主体性を発揮する姿が見られます。例えば、4歳児が花を摘む姿から、花の摘み方や遊び方、色水の作り方、タライに水を張って摘んだ花ガラを浮かべてグルグルとかき混ぜると流れ（渦）ができて、花ガラがだんだん真ん中に集まると、「こんどは、アナがあくんやで」と。さらに、かき混ぜると水の流れが速くなり渦の真ん中にペコンと穴が開いて渦ができるなどと実際に遊び方を伝えています。また、劇遊びのときは、舞台を作り、観客席に椅子を並べて、年少児たちを招待し、5歳児だけで司会や挨拶からナレーションまで演じて楽しみます。

　このように、指針・要領にある、幼児期の教育・保育の「育みたい資質・能力」及び「幼児期の終わりまでに育ってほしい姿」にふさわしい就学前の育ちが見られるようになります。

2. 幼児期の終わりまでに育ってほしい子どもの姿

指針・要領より

「幼児期の終わりまでに育ってほしい姿」の10項目は、小学校教育のスタートであり、高等教育を卒業する段階で身につけておくべきことですから、日々の園生活において十分意識する必要があります。教育・保育は子どもの成長を願う熱意が大切ですが、熱心さというだけでなく小学校以降の子どもの発達を見通し、自ら学ぶ意欲や自ら学ぶ力を養うことが大切です。

子どもが安心して身近な環境に主体的に関わり、環境と関わることの意味に気付き、これらに取り組もうとして、試行錯誤したり、考えたりしながら体験を深め成長する子どもの姿を、愛情を持って見取ることが何よりも重要です。

こうした幼児期における教育の見方・考え方の特性を踏まえ、小学校と連携して「幼児期の終わりまでに育ってほしい姿」を共有し、小学校教育との円滑な接続を図るよう努めることが大切だといえます。

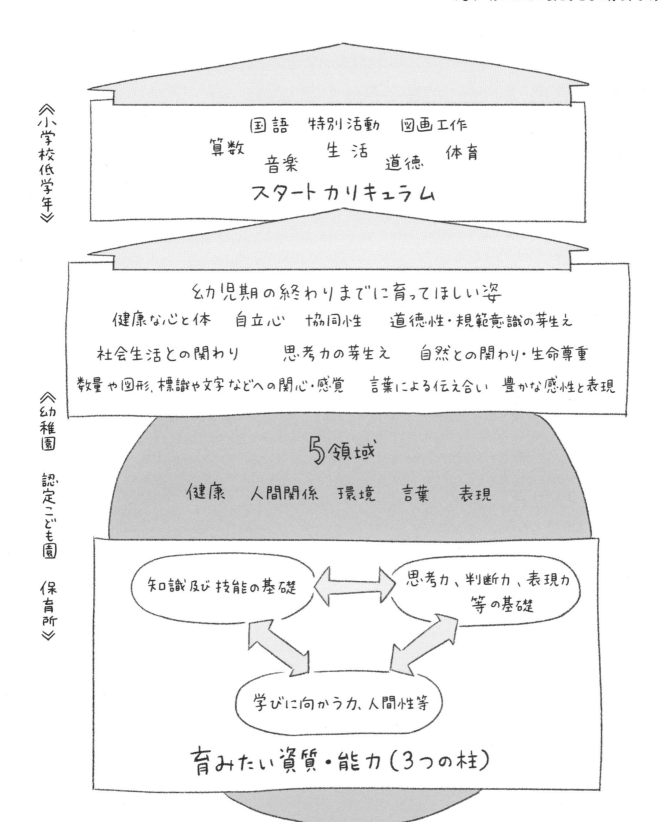

《小学校低学年》

国語　特別活動　図画工作
算数　　　　　生活　　　　体育
　　　音楽　　　　　道徳
スタートカリキュラム

《幼稚園　認定こども園　保育所》

幼児期の終わりまでに育ってほしい姿
健康な心と体　　自立心　協同性　　道徳性・規範意識の芽生え
社会生活との関わり　　　思考力の芽生え　　自然との関わり・生命尊重
数量や図形、標識や文字などへの関心・感覚　　言葉による伝え合い　豊かな感性と表現

5領域
健康　人間関係　環境　言葉　表現

知識及び技能の基礎

思考力、判断力、表現力等の基礎

学びに向かう力、人間性等

育みたい資質・能力（3つの柱）

3. 子どもの育ちを支える、園の役割

子どもの成長を、家庭だけではなく、園も一緒に見守り、育てていきたいですね。
子どもの育ちを支える園の役割とは、どういったものがあるのでしょうか。

主体的な活動（生活の場）としての園

　子どもたちが通う園は、同年齢や異年齢の子どもたちが互いに関わり合い、気持ちを伝え合い、協力し合うことによって、楽しい生活が営まれる集団生活の場です。子どもは、一人で、グループで、また集団生活を通して、主体的に遊ぶ喜びをいっぱい味わい、豊かな遊び経験を積み重ねていきます。遊びながら、その時々の必要性から子どもたち自身が話し合って、ルールを考え、これからのよりよい社会を創るといった社会生活の基になる適応能力も身に付けるという体験的な学びができることが望まれます。

　遊びながら必要に応じて子ども同士の取り決めや正義感のような社会的ルールといった価値観などが生まれてきます。一人ひとりの思いがつながる遊びと生活リズムなどをイメージしながら、園生活のしぜんな流れの中で、変化と潤いをもたせるように考えましょう。

温かい人間関係&
明るい雰囲気の園

　子どもにとって園は、自由な居場所、好きな遊びができるところ、一人遊びや友達と好きな遊びができる場です。発達段階や興味などを考慮しながら、異年齢児が関わって遊び、学び合えることを大切にする場所でありたい、と思います。

　子どもは温かい人間関係の中で育っていきます。きょうだいが少ない近頃、少子化傾向で近隣にも子どもが少なく、仲間で育ち合うことが少なくなっているのが現状です。子ども同士の関係が、クラスの枠や年齢を超えて温かい交流ができるよう導くことも必要です。

　子どもと保育者の信頼関係は、保育者がどれほど子どもを理解(例：子どもの気付きに保育者も気付く)して接しているかにかかっているといえます。子どもが保育者を信頼し温かい人間関係が生まれると、子どもは主体的に活動していくようになります。

子どもと環境と遊び

　日本は四季に彩られた豊かな恵みがいっぱいの国です。春夏秋冬の変化の中で草花や木々、風、雨、空、雲、水、虫などから、自然の中にある手触り、音、形、色など、子どもたちは諸感覚を通して様々な気付きをしていきます。

　身近な自然に興味・関心を持った子どもたちは、目を輝かせ、自発的に、主体的に環境に関わり活動していきます。花びら集め、草花遊び、色水遊び、ままごと、虫探し、水遊び、氷探し、風を感じて、光や影など興味をもった対象に関わりたっぷり遊ぶ中で、不思議さに気付き、触る、見つめる、聞く、匂う、味わうなどの諸感覚を働かせていきます。子どもの気付きは、子どもの豊かな学びにつながります。身近な自然環境を探索することから探求につながり、こどもたちの「知りたい」を高めます。

　園内の保育環境は、子どもの主体的な活動を支えることができるように整えたいものです。こどもの日、七夕、月見、秋祭り、正月、とんど、節分、ひな祭りなど、四季折々の行事には現代に通じる生きるための知恵があります。子どもたちが地域の人々とのつながりを深め、身近な文化や伝統に親しめる環境を整え、保育に生かしたいものです。

4. 保育者の関わり方

第1章でも紹介していますが、子どもの成長を支える保育者の関わり方を
改めて見てみましょう。保育者として胸に留めておきたいですね。

子どもから学ぼう

　子どもが何げなくしている行動や遊びから、今、何に関心を抱いているのか、何に意欲的に取り組んでいるのか、何に行き詰まっているのか。遊びがどう発展していくと充実感や満足感を得ることができるのか。熱中し、集中して取り組み、自ら育とうとする力を秘めている子どもたち。子どものすることに意味のないことはないといいます。「何をしているの?」と言うより、子どもに教えてもらい学びましょう。

つめたい

あれっ!
みずがなくなった!

子どもが
「おや?」「どうしてかなぁ?」と
気付いていることに気付こう

　子どもは様々な環境(ヒト・モノ)に関わって遊ぶ中で、気付き、心を揺さぶられ、好奇心からもっと見たい、知りたいという願望をもっています。暑い夏、はだしで室外に出て「つちがあつい!」。この気付きが木陰や階段の下、砂場などを歩いて試す行為につながり、「ここはあつくない」と実感します。砂場で砂を掘ると底はひんやりしている、泥んこ遊びや泥団子作りをしながら、冬には霜柱への気付き、と様々な発見をして遊んでいます。

子どもの目線（まなざし）の先にあるものを意識しよう

　子どものまなざしの先に何があるのでしょう。そのまなざしは、何かに気付いている、興味津々、不思議だ、楽しそう、真剣、夢中、没頭、ヘルプなど…いろいろ。まなざしの先にあるものは…？？　子どもが感じていることや思いを読み取り、受け止めていきましょう。子どもと同じ方向を見たり、同じような動きをしたりしながら、「あっ、そうだったんだ」「ほんとだね」「きれいね」「不思議だね」「いいことに気付いたね」などと、子どもの気持ちに寄り添っていきましょう。

子どもの「困った」を一緒に考えよう

　「かしてっていったのに…」「リレー、いつもまけておもしろくない」。このようなとき、保育者はすぐに答えを出すのではなく「どうしてかな？」「どうすればいいのかな？」と子どもの「困った」に寄り添ってみましょう。

　子どもの考えを取り入れる、周りの子どもに知らせ問題を共有していくうちに、子ども自身で「困った」を解決しようと、友達の意見を取り入れながら解決の方法を見つけることもあるでしょう。子どもが本来持っている人間らしい相手を思いやる心を発揮するかもしれません。もちろん、保育者もヒントを出したり具体的なやり方を示したりするなどの援助をし、子どもたち自身で問題を解決しようとする力を育てるようにしましょう。

子どもを信じて待とう

　保育者が意欲的に取り組んで「できるようになってほしい」と考えても、「やりたい！」とクラスの子ども全員が同じように前向きとは限りません。「やってみたい」と思っても不安から取り組むことをためらう子ども、「いまはまだやりたくない」と興味をもたない子ども、すぐに諦めてしまう子どももいるでしょう。保育者は、一人ひとりの興味を大切に受け止めながら、頑張って取り組む姿や、できるようになったことをクラスみんなで認める機会などを常に持ち、進んでチャレンジする意欲が湧くように関わりましょう。

その子らしい"いいところ"を見つけ、広めよう

　一人ひとりの"いいところ"を見つけ、認め、クラスの子どもたちに伝えて、友達同士が認め合えるようにします。子ども同士のコミュニケーションを図りましょう。

子どもの思いや考えを大切に

　言葉にならない子どものサインを感じ取りましょう。喜びや発見、面白いことや、いやなことなどの思いを言葉できちんと正しく伝えるのは、難しいことです。子どもの顔の表情だけでなく、何を伝えようとしているのか、何を思い考えているのか、理解しようとして子どもを見取ること。人真似ではないその子らしさを大切にしましょう。

子どもたちの関わり合いを大切に

　子どもたちの思いをつなぐには、時には、保育者の関わりが必要なときがあります。離れたところから観察する、遊びの中に入る、リーダー役をするなど、子ども同士の関わりが育つように援助しましょう。

今日の子どもの姿を職員間で伝え合おう

子どもの姿を主体性が育つような方向性で捉え、保育者の願いを職員間で共有しましょう。

5. 連続した子どもの育ち 小学校へつなげよう！

　子どもの育ちとは、保育者が保育の目標・ねらい・内容等、カリキュラムを立案し、実践し・振り返り・評価して、指導の改善を図るといった保育の質の向上への取り組みから現れた、子どもたちの成長の姿です。就学年齢になると、子どもの育ちが小学校での児童の指導に引き継がれるように、要録があり、そこに記載する必要があります。

　要録は子どもの育ちを小学校へと引き継ぐために大切なものです。子どもの成長が小学校における児童の指導に生かされるよう「幼児期の終わりまでに育ってほしい姿」の視点を生かし、子どもの生活する姿から育まれた資質・能力を捉えながら、伸びている姿を分かりやすく記入するように留意する必要があります。子どもの育ちの内容が要録により適切に引き継がれるようにしなければなりません。要録には、主体的な活動である遊びを通して生き生き伸び伸びと充実感に満ちた子どもたちの姿を書き記しましょう。

　子どもの成長が小学校へ、中学校、その先へと続くよう、つなげていきましょう。

● 監修者

森川　紅（もりかわ　くれない）

兵庫教育大学大学院学校教育研究科（幼児教育専攻）修士課程修了
元　姫路日ノ本短期大学教授
兵庫県姫路市において私・公立保育所に40年近く勤務（所長職も経験）の後、四條畷学園短期大学、
武庫川女子大学、南海福祉専門学校、園田学園女子大学等でも非常勤講師として保育者養成に携わる。
主な著書　『保育の楽しみ方がわかる本』　著　ひかりのくに
　　　　　　『異年齢児のあそびと計画』　共著　ひかりのくに
　　　　　　『身近な自然で楽しい保育！』　監修　ひかりのくに
　　　　　　『0〜5歳児　たっぷり充実！冬の外遊び』　監修　ひかりのくに
　　　　　　『保育の内容・表現』　共著　同文書院
　　　　　　『現代生活保育論』　共著　法律文化社
　　　　　　『教師論・保育者論』　共著　三晃書房

● 著者

後藤和佳子（ごとう　わかこ）

元　姫路市立保育所　保育士
40年間クラス担任を務め、常に子どもたちに寄り添う保育を行なってきた。
主な著書　『身近な自然で楽しい保育！』　編著　ひかりのくに
　　　　　　『0〜5歳児　たっぷり充実！冬の外遊び』　共著　ひかりのくに

● 執筆協力者

中尾博美（なかお　ひろみ）

元　姫路市立保育所　所長
前　姫路獨協大学医療保健学部こども保健学科特別教授
現在　姫路日ノ本短期大学非常勤講師
主な著書　『0〜5歳児　たっぷり充実！冬の外遊び』　共著　ひかりのくに

荒井まこよ（あらい　まこよ）

元　姫路市立保育所　所長
現在　子育て支援講師
主な著書　『0〜5歳児　たっぷり充実！冬の外遊び』　共著　ひかりのくに

そだちあう5歳児が見える・わかるエピソード

2020年9月　初版発行

STAFF
● 本文イラスト／ Meriko
● 本文デザイン／ tabby design
● 編集協力／梅崎時子
● 企画・編集／長田亜里沙・山田聖子・宮田真早美・北山文雄
● 校正／株式会社文字工房燦光

監修者　森川　紅
著　者　後藤和佳子
発行人　岡本　功
発行所　ひかりのくに株式会社
　　　　〒543-0001　大阪市天王寺区上本町3-2-14
　　　　TEL06-6768-1155　郵便振替00920-2-118855
　　　　〒175-0082　東京都板橋区高島平6-1-1
　　　　TEL03-3979-3112　郵便振替00150-0-30666
　　　　ホームページアドレス　https://www.hikarinokuni.co.jp
印刷所　大日本印刷株式会社

©2020 Kurenai Morikawa , Wakako Goto
乱丁、落丁はお取り替えいたします。
Printed in Japan
ISBN978-4-564-60934-3
NDC376　88P　26×21cm